海外分散投資入門

―― 日本が財政破たんしても生き抜くためのノウハウ ――

荒川雄一

Pan Rolling Library

本書に関する最新の情報はこちらのURLをご覧ください。

http://www.panrolling.com/books/pl/pl42.html

はじめに

本書は、2008年11月に発行された『着実に年10％儲ける　海外分散投資入門』（実業之日本社）の改訂版です。

旧版を出してから2年以上が経過し、経済状況は刻一刻と変化しているなか、本書で掲載している一部検証やポートフォリオ例は見直しを行っています。しかしながら、本書の目的である

「なぜ、今、海外分散投資なのか？」

そして、

「海外分散投資を実践するための入門書」

としての役割は変わっていません。

返済の目途さえ立たずに増え続ける公的債務、崩壊に向かっている年金制度など、日本社会は混迷を極めるばかりです。「今までのように、なんの手も打たずに、ただ静観しているだけでは、いずれ大切な自分自身の資産を失いかねない」――そうした危機感から、私のところに「海外分散投資」の問い合わせをされる方が、初版が発行されたときよりも着実に増え、「海外分散投資」への社会的ニーズが高まってきていることを、ひしひしと感じています。

本書では、まず2010年代の現状認識について述べます。ここで、いたずらに危機感をあおるつもりは全くありません。ただ、それくらい日本の将来に対する不安が増幅している現実を、よく理解していただきたいと思います。

また、この日本の将来と「海外分散投資」の役割については、第8章で詳しく解説していますので、ぜひご参考としてください。

本書で皆さんにお伝えしたい内容は「株のデイトレードで100万円を1億円に

する」「FXで年利300%も夢ではない」といった類の話ではありません。もし、そのような期待をもって本書を手に取られたのであれば、残念ながら、その期待にこたえることはできません。

私は〝国際フィナンシャルコンサルタント〟〝投資アドバイザー〟としての仕事柄、このような言葉に踊らされて資産を失い、「自己破産」にまで追い詰められた人たちを目の当たりにしてきました。それだけではありません。私自身も〝一投資家〟として、20代からさまざまな投資にチャレンジしては、射幸心をあおる言葉に惑わされて「失敗」を重ねてきたからです。

株の空売りに失敗し、数千万円の損を出したこともあります。営業マンの勧めるまま商品先物取引に手を出して、大切な貯金を失ったこともあります。ITバブルのときには、数社の未公開株に投資をし、株券がすべて紙切れになったこともありました。

このようにいうと「そんな失敗をした投資アドバイザーの話なんか聞けるか！」という声が聞こえてきそうです。しかし、今まで一度も失敗をしたことがない（あるいは、失敗していても明かさない）投資アドバイザーと、手痛い経験をして、それを包み隠さず話す投資アドバイザーと、どちらが信用できるでしょうか。

　私には、身をもって失敗を重ねたからこそ見つけられたノウハウがありますし、投資家の気持ちも分かるのです。だからこそ、本書では常に「投資家目線」に立って解説します。けっして金融商品の販売者である「金融機関の目線」ではありません（こうした金融機関の目線がいかに危険かは、本書で詳しく説明します）。


　２００８年の金融危機以降、世界の〝マネー〟の動きは、さらに加速化し、複雑化し、そして多様化しています。このような状況下、これまでのように単に株式や投資信託を買う戦術だけで勝ち抜いていくことは、より難しくなってきました。

　相場上昇時には、勢いに乗じていくらかの利益を得られることもあるでしょう。しかし、その後の急落時には、利益はもとより、元手資金までも大きく減らしてしまう……。このような投資をしていては、いつまでたっても資金は増えるどころか、目減りするばかりです。本書で私がお伝えしたいのはこのことです。

元来「資産運用」とは、流行や、目先の利益獲得のために行うものでありません。その人の「ライフプラン」を達成するために、計画的に「お金」を殖やしていく手段です。したがって、中長期的な視点に立って、5年、10年先を見据えた取り組みが必要となります。

金融危機のような〝想定外〟の出来事、相場に乱高下をもたらす事件は、今後ますます起こる可能性が高いといえます。そのため、一時的に利益が損なわれたとしても、その損失は最小限に抑える努力をし、中長期的視点で冷静に対処することによって、最終的には投資家の〝ファイナンシャルゴール〟を目指すことが重要といえます。

本書は次のような方に読んでいただきたいと考えています。

●老後の生活が不安なので、安定した資産運用法を見つけたい。
●相場が上がろうが下がろうが、株価が上がろうが下がろうが、そんなことで〝自分の大事な人生〟や〝大切な家族との生活〟に影響を与えたくない。
●金融危機のように〝想定外〟の出来事に見舞われたとしても、慌てることなく、中長期的視点で「資産運用」を実践したい。

このような要望をお持ちの方に、本書はきっと最適な書になるはずです。投資家のための革新的な〝資産運用のノウハウ〟を知っていただき、皆さんのこれからのライフプラン、そして資産運用の一助となることを心より願っております。

【目次】

第2章　資産運用のウソとホント

第3章　相場を張らない資産運用

第4章　海外分散投資はなぜ有効なのか

第5章　実践！　海外ファンドで資産形成

第6章　ポートフォリオ・マネジメント・サービス（PMS）

第7章　実践！　海外分散投資

第1章

“お金”について真剣に考えてみよう！

世界の金融市場でなにが起こっているのか

近年、世界の〝マネー〟の動きは非常に速くなっています。その原因のひとつとして、経済や景気における世界的連動性が高まっていることが挙げられます。

少し前には、先進国の景気が減速しても、新興国の市場が伸び続けた時期がありました。そのためマスコミなどでも「世界経済はデカップリング（非連動性）で動いている」と説明されていたほどです。

しかし、2007年に米国でサブプライムローン（信用力の低い個人向け住宅融資）の問題が表面化し始めたころから、潮目が変わり始めました。世界の株式市場が同時に値を下げる「世界同時株安」が顕在化してきたのです。

また、2008年には、それまで株式市場に向かっていたお金が、一気に原油や金（ゴールド）といった商品先物市場に流れ込み、商品（コモディティ）価格が高騰しました。新興国の需要増や世界的インフレ（物価の持続的上昇）を予想しての動きです。

商品先物は株式よりも格段に小さな市場です。２００７年推定で、世界の商品先物市場の規模が７５００億ドル程度（リサーチアンドマーケッツ社）であるのに対して、世界の株式市場の時価総額は約60兆ドルです。株式市場から資金がわずかに流入するだけでも、商品価格に大きく影響を及ぼすのです。

特に大きな影響を受けたのが原油でした。80年代後半から１バレル20ドル水準で低迷していた米国の原油先物は、２００８年７月には約７倍の１４７ドルにまで吹き上げました。また、小麦など一部の穀物も高騰しました。読者の皆さんのなかにも、ガソリンや食料品の急激な値上がりに不安を覚えた方が、少なからずいらっしゃったのではないかと思います。

これは、現代社会で「マネー経済」の規模が「実体経済」の規模を上回り、マネーの動きが経済を脅かす存在になったひとつの例といえます。**そして、その後に起きた〝リーマンショック〟で、あらゆるマーケットから一斉に投機マネーが撤退すると、「100年に一度」といわれた、世界的な〝金融危機〟へと進展したのでした。**

こういった現状を考えれば、昔ながらの株式投資だけで資産を増やすことは、非常にリスクが高く、また非常に難しいことといえます。

かつては、国内株と外国株(欧米の先進国の株)に加えて、新興国市場に分散投資をしておけば、先進国株が不調なときは新興国株が上昇するといった、デカップリングによる補完を意識した運用が可能であるといわれてきました。しかし、株価の連動性が高まった現在では、そうした手法はほとんど通用しません。

実際、株式投資のみで運用していた投資家は、2007年から2008年にかけて相当な資産を失いました。結果的に、2009年にその反発で株価は大きく戻したものの、ある投資家の言葉を借りれば「まるで、ジェットコースターに乗っているような不安な状態」といいあらわしています。

また、以前に比べて〝お金の出し手〟にも変化が見られます。かつてマーケット参加者といえば、個人投資家や、金融機関などの機関投資家が主体でした。つまり「個人のお金」と「銀行や生命保険会社などの機関投資家が預金者や保険契約者などから預かったお金」で運用されてきたわけです。

ところが最近では、ヘッジファンドや年金基金が、より積極的にマーケットで運用しています。また、オイルマネーで潤沢な資金のある中東や、中国やシンガポールなど新興地域の政府系ファンドの存在感も増してきました。

世の中のマネーの動きが速くなり、参加者が多様化してきたマーケットは、プロであっても予測が難しく、ボラティリティ（価格の変動）の激しい展開となっています。そして、個人の資産運用も、これまでどおりのやり方では対応できなくなってきているのです。

サブプライム問題の本当の怖さ

世界中を震撼させた金融危機の発端とされているサブプライム問題の本質について考えてみましょう。

金融危機では、米大手証券会社のリーマンブラザーズをはじめ、欧米の金融機関やファンド会社で、破たんが相次ぎました。また、米大手保険会社のＡＩＧが国有化され、米住宅金融公社のフレディマックやファニーメイには公的資金が投入され、シティグループをはじめとする欧米の大手金融機関が大きな損失を出しました。まさに10年前、バブルが崩壊した日本で、北海道拓殖銀行や山一證券が破たんしたときを彷彿とさせる出来事が、世界規模で次から次へと起こったのです。

しかし、そうした金融機関の破たんや損失拡大は、表面上の問題にすぎませんでした。本質的な問題は、その根底にある金融の〝信用収縮〟でした。

よく「投資は心理ゲーム」といわれます。大半の投資家が「底入れした」と思ったときには、マーケットは上昇に転じる傾向があります。簡単にいえば、投資家の心理状況が「不安」から「楽観」に変わっていくほどにマーケットは上昇に転じ、逆に「楽観」から「不安」にかわっていくほど、マーケットは下降に転じるわけです。

リーマンショック後、潤沢な資金を持っていた政府系ファンドや、比較的被害の少なかった日本の金融機関などが資金を出し、金融再編の動きが加速しました。また、多くの金融機関が不良資産を処理して、かなりの〝膿〟を出しました。

しかしながら、それでもまだ本質的な問題は残ったままでした。それは、「いつになったら損失が確定するのか」「一体、底はどこなのか」という先行き不透明な状態が依然続いていたからです。

この不透明な状態を作り出したのが、サブプライムローンを巧妙に組み入れた「証券化商品」でした。とても複雑に作られていたため、発行した金融機関自体も、原資産（元となっている資産である住宅など）がどこまで下落するのか、いつ底を打つのか把握できないでいる状況が続きました。

そして、米国の景気が減速していくなか、サブプライムローンだけでなく、プライムローンと呼ばれる一般の住宅ローンも、返済困難となって破たんするケースが目立つようになってきました。つまり、金融の複雑化によって、果たしてどこが〝底〟なのか、誰も読むことができない時代になってきたのです。

こうした不透明な状況下で、金融機関が行ったことは、いったいなんなのでしょうか。さらなる損失拡大を防ぐため、市場に回すべきお金を止めてしまう、いわゆる「貸し渋り」でした。そして、この金融機関の貸し渋りによって、マーケットだけでなく、実体経済でのお金の巡りも非常に悪くなっているといえます。

このように運用手法が多様化すればするほど、今回のような〝信用収縮〟は、これからも何度も起こる可能性があります。したがって、従来の金融機関のあり方や運用サイドの考え方が、今後はだんだん通用しない時代となっていくでしょう。

では、このような世界経済の状況のなか、日本では、なにが起こっているのでしょうか。

よく日本のバブルが崩壊した1990年以降を「失われた10年、そして20年」と呼んでいます。ただ私は、このままでは、この流れはさらに続くと考えています。

バブル崩壊後の20年間、〝景気〟が上向かなかったわけではありません。例えば、政府発表では2002年から2007年10月まで「いざなみ景気」と呼ばれる景気上昇期がありました。しかし、いざなみ景気は表面的に長く続いたものの、私たちが景気回復を本当に肌で実感できたかには、はなはだ疑問が残ります。

確かにこの時期、景気動向指数は上向きで、経済指標は超低空とはいえ成長を示していました。しかし、実のところ、一部の輸出企業のがんばりによって、法人税が過去最高額を記録しただけのことではなかったかと思います。

少なくとも私たちの給与所得には〝好景気の恩恵〟がほとんど反映されませんで

した。そして、その間、幸か不幸かデフレ状態が続き、物価上昇が抑えられたおかげで、私たちの生活レベルはそこそこ維持することができたわけです。

日本の抱える問題点

企業や個人の努力だけでなかなか解決できない問題に、少子高齢問題、社会保障費の増大、そして財政問題があります。私たちは、これらの問題についても認識しておかなければなりません。

2010年12月現在、国の借金は900兆円を超え（**図表1・1**）、地方の債務と合わせると1100兆円を超えました。また、赤字国債を発行しないとその年の歳出をまかなえない状態が続いており、しかも1100兆円の借金を減らせる見通しは、全く立っていません。これは日本の抱える最大の問題といえます。

個人の家計で考えてみると「すでに年収をはるかに超える借金があり、なおかつ毎年の生活のために新たに借金をしなければならない。ところが、出費は増える一

図表 1.1 国の借金（2010 年 12 月末時点）

1．国債及び借入金現在高（単位：億円）

区分	金額	前期末（2010 年 9 月末）に対する増減（△）	前年度末に対する増減（△）
内国債	7,538,080	125,202	333,190
普通国債	6,281,558	143,424	341,841
長期国債（10 年以上）	3,993,374	82,149	261,829
中期国債（2 年から 5 年）	1,889,802	46,417	117,870
短期国債（1 年以下）	398,382	14,858	△37,858
財政投融資特別会計国債	1,213,709	△19,090	△8,544
長期国債（10 年以上）	1,022,247	4,930	19,504
中期国債（2 年から 5 年）	191,462	△24,020	△28,048
交付国債	3,667	△157	△829
出資・拠出国債	18,393	1,025	722
株式会社日本政策投資銀行危機対応業務国債	13,500	–	–
日本高速道路保有・債務返済機構債券承継国債	7,254	–	–
借入金	550,561	6,658	△13,503
長期（1 年超）	200,420	△2,410	△10,501
短期（1 年以下）	350,140	9,067	△3,002
政府短期証券	1,102,870	△28,966	42,589
合計	9,191,511	102,894	362,277

2．政府保証債務現在高（単位：億円）

区分	金額	前期末（2010 年 9 月末）に対する増減（△）	前年度末に対する増減（△）
政府保証債務	451,869	△5,489	△14,091

出所：国債及び借入金並びに政府保証債務現在高

方で、年収の増える目処はない」という状態です。正直、個人であれば、とっくに自己破産をしていてもおかしくない状態といえます。

しかし、このようにいうと「日本の国債は約95％が国内で保有（消化）されており、また日本は世界最大の債権国であるため、心配する必要はない」と反論する専門家がいます。しかし、果たして本当にそうなのでしょうか。

確かに日本の国債は、そのほとんどが日本国内で保有されています。ただ、その〝購入資金源〟となっているのは、私たちが銀行に預けている預金、そして保険会社や公的年金に払っている保険料などです。

つまり、金融機関は貸し渋りをする一方で、私たちの預金や保険料で国債を大量に購入して、預金等との金利差をほとんどなんの努力もなしに、享受している状況が続いているのです。このように国債購入の需要が強いことから、日本政府は長きにわたって低い発行金利で国債を発行することができました。10年物の国債（利回りが長期金利の指標となる）は10年以上にわたって1～2％の水準です。

しかし、そうした資金源も「無尽蔵」ではありません。長引く景気低迷、経済の超低成長のなか、国民の預金率は低下傾向にあります。一方、国債の発行額は加速度的に増加しているのです。

日本国内で国債の消化ができなくなったとき、日本も欧米各国のように、国外の投資家に国債を購入してもらうことになります。そこで問題となるのが国債の発行金利です。

考えてみてください。発行金利1%の10年物国債を外国人投資家が喜んで購入してくれるでしょうか。もし2~4%、あるいは2010年の欧州ソブリン危機でギリシャ国債の利回りが12%にまで跳ね上がったように、そのような金利でしか発行できなくなったとき、いったいなにが起こるのでしょうか。まず、すでに低い金利で大量に発行されている債券(既発債)は、相応に暴落することになるでしょう。

繰り返しますが、大量に国債を購入する資金源となっている銀行の預金、生命保険会社の保険料、公的年金保険にお金を出しているのは、ほかならぬ私たち国民です。したがって「日本の国債は国内で保有されているから大丈夫、債権国だから大丈夫」といった楽観論には、私は賛同できかねるのです。

では「日本はつぶれてしまう」といった悲観論についてはどうでしょうか。少々過激すぎるようにも思えますが、実際、日本最高の頭脳が結集されているはずの官僚や政治家たちが考えても、この財政赤字を減らしていく〝妙案〟がまだ出ていないのは確かです。

したがって、近い将来、なにかしらの形で、私たち国民にしわ寄せがくることだけは間違いありません。問題はいつ「トキ」の為政者が、そのような決断を下すかだけです。

「日本はつぶれる!」は本当か?

2006年、当時の自民党政権は「2011年に国・地方のプライマリーバランスを黒字化する」という方針を発表しました。プライマリーバランスの黒字化とは簡単にいってしまえば、その年の政策的経費を新規の借金ではなく、税収などその年の収入でまかなうようにするということです。

しかし、実際はその道筋すら見出せずにいます。最終的にこの問題を解決するには、どうしたらよいのでしょうか。

ひとつの〝救い〟は、国と地方に１１００兆円近い借金があるものの、個人の金融資産が（若干目減りしたとはいえ）１４００兆円以上あるということです。

これを会社に例えてみると「会社（日本）は大赤字で潰れそうだが、従業員（国民）は会社の赤字を上回る個人資産を持っており、それを社内預金にしている状態」といえます。もし会社（日本）が窮状に陥った場合、この預金を凍結して「悪いけれど貸してくれませんか」「会社が潰れると皆さんの働く場がなくなります。会社を残すために社内預金を使わせてください」となることも十分に考えられるわけです。

果たして日本という会社の従業員である日本人が「ノー」といえるでしょうか。こういう究極の決断を迫られる可能性も考えておかなければならない段階にきています。こうした例が日本で、ないわけではありません。**戦後間もない１９４６年に、銀行預金などの引き出しを制限する「預金封鎖」が実施されたことがあります。**

ただ、こうした荒療治よりも可能性が高いのは、じわじわと増税と社会保障費の負担を課してゆくことです。増税は「預金封鎖」に比べれば〝穏健〟な政策といえます。もっとも、国民にとっては厳しい内容になるのは間違いありません。

消費税を1％上げれば、国と地方で2・6兆円程度の税収増になるといわれています。したがって、消費税を5％から15％引き上げて20％にすると、単純計算で39兆円（＝15％×2・6兆円）程度、税収が増えます。そうなれば、プライマリーバランスが黒字化する可能性も出てくるでしょう。

しかし、それは新たに「借金をしなくてもよくなる」ということにすぎません。国と地方の1100兆円の借金を減らしていくためには、さらに歳入が必要なのです。このことからも、財政赤字をなくすことがいかに大変なことであるか理解していただけると思います。

その是非はともかく、増税は現実的な未来であり、私たち国民にとって、非常に厳しい内容になることを認識しておく必要があります。

「円」という通貨の特性を考える

次に「円」という通貨の特性について考えてみたいと思います。私たちが日ごろ使っている「円」には、世界から見たらどんな特徴があるのでしょうか。

日本には、借金が多いために国債の格付けが引き下げられてきた歴史があります。ただし、国民の保有する金融資産は、世界でもトップクラスといえます。さらに外国にお金を貸している「債権国」であるという強みもあります。したがって、最大の問題は、前述のとおり、国内の財政赤字（日本国内の問題）です。

少子高齢社会が加速度的に進展している現状を見れば、これから高度成長をしていくことは考えにくいといえます。日本もヨーロッパなどの先進国に習い、ある程度成熟した社会構造をつくって安定成長を目指すべきであるといわれています。

しかし、安定成長をしていくためには、やはり物価がある程度上昇する必要があります。それでこそＧＤＰを押し上げ、経済成長ができるからです。そして、物価上昇に伴い、金利も上昇することとなるでしょう。

日本では長い間、長期金利も短期金利も低い状態が続きました。その最大の要因は、デフレ経済を脱却できないためです。

さらに、財政問題も大きいと私は考えています。なぜなら国の借金だけで900兆円以上もあるということは、金利が上昇すれば、国債費（元本返済費と利払い費）に占める利払いの比率が段階的に上昇していくことになるからです。それによって、国がどんなに国債費を払ったとしても、一向に元本は減らないという現象が起こります。

これは、個人が変動金利の住宅ローンを借りて、その後に金利が上昇すると、利払いばかりが増えて元本の返済が進まないのと同じ状態といえます。したがって、国としては、国債の借入金利を低く抑えたいため、当然、短期金利の指標である政策金利を低く抑えておく必要があるわけです。

こうして、先進国に類を見ない低金利が延々と続き、預金をしていても全くお金が増えない状況が続きました。そして、金利が低い状態は、日本での資産運用を難しくする一因ともなっているのです。

次に、国際的に見た「円」という通貨の特性について考えてみましょう。

２００６年ごろ、新聞などで頻繁に取り上げられた言葉に「円キャリートレード」があります。「キャリートレード」とは、簡単にいえば、先進国のなかでも日本円のように安定的に金利の低い通貨で資金を調達して、金利の高い国の通貨で運用することをいいます。

当時の日本経済は比較的安定しており、また為替レートも当時１米ドル＝１２０円前後のボックス圏内で推移していました。しかも世界のなかでも突出して低金利だったため、キャリートレードを行うには、もってこいの通貨だったわけです。

円キャリートレードは、世界中の金融機関やヘッジファンドが積極的に行っていました。つまり、円は「運用通貨」というよりも、資産運用のための「調達通貨」という特性を持っていたわけです。

かつて日本でも「円を国際通貨にしよう」という目標を掲げたときがありました。しかし、現実的には国際化どころか、徐々に衰退の途をたどっているといえます。

ＩＭＦ（国際通貨基金）加盟国の外貨準備高を見ると、その傾向は明らかです（図

図表 1.2　IMF 加盟国の外貨準備高のシェア

	米ドル	ユーロ	日本円	英ポンド	スイスフラン
1999	71.0	17.9	6.4	2.9	0.2
2000	71.1	18.3	6.1	2.8	0.3
2001	71.5	19.2	5.0	2.7	0.3
2002	67.1	23.8	4.4	2.8	0.4
2003	65.9	25.2	3.9	2.8	0.2
2004	65.9	24.8	3.8	3.4	0.2
2005	66.9	24.0	3.6	3.6	0.1
2006	65.5	25.1	3.1	4.4	0.2
2007	64.1	26.3	2.9	4.7	0.2
2008	64.1	26.4	3.1	4.0	0.1
2009	62.2	27.3	3.0	4.3	0.1

出所：IMF ANNUAL REPORT 2010

表1・2)。

外貨準備とは、自国通貨の保全や貿易決済などのために、その国の中央銀行や当局が保有している外国通貨です。

基軸通貨・決済通貨である米ドルが圧倒的なシェアを保っており、2009年の数値をみても、全体の62・2%を占めています。

次世代の基軸通貨と期待されていたユーロでしたが、27・3%といまだ大きく引き離されています。

もっとも、サブプライム問題に端を発した金融危機などによって、米ドル依存に危機感を持つ国が増えているのも事実です。2000年には米ドルの比率は71・1％でしたから10％近く減少したことになります。

リーマンショックでアメリカの「金融神話」が崩壊したことにより、長い目で見ると「米ドル離れ」は徐々に進行していくでしょう。ただし、基軸通貨として代替となる通貨がまだ出てこない以上、決済通貨としての米ドルの地位は、そう簡単に崩れることはないと思います。

さて、話を戻して、日本円のシェアについて見ていきましょう。2000年には6・1％でしたが、2009年は3・0％にまで下落しています。そして、2006年に英ポンドに抜かれて、世界4位となりました。

つまり、構成比を見る限り、世界の国々は「円」という通貨をそれほど必要としていない、ということです。したがって、円は国際化どころか、徐々に国際化から遠ざかっているのが現状なのです。

2010年、市場では、米ドルやユーロとの対比のなか、比較的安全性が高いという理由から円が買われました。しかし、これは円の将来性や魅力によって買われたわけではありません。むしろ、世界経済が安定したとき、円に逃避していた資金が離れていく可能性を考えるべきだと思います。

外貨準備高からみると、世界で信任を得ている通貨は、米ドルやユーロ、そして金融面で日本よりもはるかに進んでいるポンドです。したがって、円という通貨しか持たずに資産運用を考えることは、けっして〝一般的〟ではない、つまり「インターナショナルスタンダード」ではないというのが私の考えです。

安定的な資産運用を考えるのであれば、世界の動向や日本の現状、そして「円」の特性もきちんと押さえたうえで、プランニングする必要があるといえます。

お金の価値はこうして計る

「お金の価値」を計る方法のひとつに、購買力平価というものがあります。購買力平価とは「為替レートは自国通貨と外国通貨の購買力の比率で決まる」という考え方です。

例えば、アメリカでハンバーガー1個が1ドルのとき、日本では同じものが1個100円で買えるとしましょう。この場合、通貨の交換レートは1ドル＝100円が適当と考えられます。このように、それぞれの通貨を使う人たちの平均的な物の購買力によって、お金の価値を判断しようというのが購買力平価です。

では、私が考える「お金」の判断基準で一番重要視しているのはなにかというと、それは、「その通貨に“使用価値”があるかどうか」ということです。つまり、お金は使うために存在しているため、使用できないお金をどんなに持っていたとしても、なんの役にも立たないからです。

一例を挙げてみましょう。アフリカのジンバブエでは、独裁政権の度重なる政策の失敗で、ジンバブエドルの使用価値が急落し、220万％もの超インフレとなりました。ジンバブエドルを山ほど持っていても、パンひとつ買えなくなってしまったのです。ついには100億分の1というデノミ（通貨単位の変更）が実施されました。

1兆円を出さないとハンバーガーを買えないような状況や、1兆円が次の日に

100円になるような状況は、なかなか想像がつかないかもしれません。しかし、このように、お金は「額面や量を持っている」ということよりも「その通貨がどれだけ使えるか」が大切なのです。

海外旅行をされたことのある方ならお分かりだと思いますが「円」をそのまま持っていっても、使える国はほとんどありません。しかし、米ドルを持っていけば、意外と市中でも使える国はあるものです。前述のように、基軸通貨であることが「使用価値」を生んでいるひとつの例といえるでしょう。

お金は持っているだけでなく、世界中どこでも、そのお金を使えることが重要なポイントなのです。逆にいえば、仮に日本人が円以外の通貨を持っていたとしても、そのお金が使えさえすれば、全く問題ないということです。

よく「金利の高い外貨の運用は魅力的だけど、日本にいても使えないし……」という方がいます。しかし、いまや電子マネーとクレジットカードの時代です。日本でも海外旅行に行くときに、わざわざ高い為替手数料を払って多額の現地通貨を持っていく人はあまり見かけなくなりました。それよりも、トラベラーズチェックやクレジットカードを1枚持っていく人が多いのではないでしょうか。ＶＩＳＡカードやマスターカードなら、ほとんどの国々で使用できます。

私たち日本人は、いつも「円」で支払うことを考えています。しかし、そうではなく、円以外の通貨、例えば米ドルやユーロを銀行の口座に持ち、その口座で決済できるクレジットカードさえ持っていれば、外貨であっても日本をはじめ世界中で使えるのです。それは、まさしく「使えるお金」です。

ここで理解していただきたいことは「米ドルやユーロなどさまざまな通貨を便利に使える時代になった」ということです。自分の金融資産の使用価値さえきちんと維持しておけば、円だろうが米ドルやユーロだろうが、それほど通貨にこだわる必要はないのです。

もっとはっきりいいましょう。万が一、日本の財政破たんなどで「円」の価値が下がったとしても、私たち個人のお金の使用価値を減らさないための方法として、〝通貨分散〟、そしてその先にある海外金融商品を用いた「海外分散投資」という手段は一考に値するものではないかということなのです。

一度、真剣に考えてみてはいかがでしょうか。

「元本保証」と「額面保証」の違い

日本人が資産運用をするときに、必ずといっていいほど関心を持つ「元本保証」について考えてみましょう。

元本保証という言葉は、日本人には非常に耳触りの良い言葉です。しかし、先ほどの「使用価値」から見ると、今の日本でいわれている元本保証は、実は本来の〝元本〟の保証になっていないケースが非常に多く見られます。

例えば、ハンバーガーを1個100円で買えるとき、「100万円を投資すれば、10年後の満期時点で最低100万円の元本は保証される」という金融商品を購入したとしましょう。10年後、残念ながらその投資は失敗に終わりましたが、投資した100万円は約束どおり無事に戻ってきたとします。しかし、そのときハンバーガーが1個1000円になっていたらどうでしょうか。

もしインフレが進んで、10年で物価が10倍になってしまったら、「100万円」というお金が戻ってきても、それで買えるものは10年前の10万円分でしかありません。つまり、インフレが進むことによって、元本保証といっても「使用価値」は大きく減少してしまうこともあるわけです。使用価値から考えると〝元本〟は10分の1に目減りしているということです。

私は、これを「元本保証」ではなく、「額面保証」と呼んでいます。皆さんの投資されている、または預金されているものも、実のところこの「額面保証」がほとんどではないでしょうか。

「失われた10年、そして20年」では、低金利、そしてデフレ時代であったため「元本」という概念をあまり意識しなくても済んだといえます。100万円は数年たっても100万円の価値がありましたし、買える物もあまり変わらなかったからです。

ところが、世界的な物価上昇が懸念され、所得の増加も見込めないなか「お金の使用価値」をどのように維持するかは、私たちの死活問題です。ぜひ、この機会に「元本保証」と「額面保証」の違い、そして、「使用価値」を維持することの重要性を理解してほしいと思います。

なぜ金融詐欺はなくならないのか

「資産運用」を考えるうえで、考えておきたいことが、もうひとつあります。それは、金融詐欺についてです。

古くから、金融にまつわる詐欺事件は、何度となく繰り返されてきました。資産運用以前の問題として、詐欺には絶対に遭わないでほしいと思います。

「当たり前だ」という声が聞こえてきそうです。しかし、残念ながら何年かに一度は大規模な詐欺事件が起こっていますし、小さな詐欺事件であれば日常的に起こっているのです。この事実を真剣に受け止める必要があります。

金融詐欺の被害額は年々増加傾向で、数百億円から数千億円のケースも散見されます。だまされる人は、お年寄りを中心に、資産運用の知識をあまり持っていない人が多いようです。しかし最近では、ビジネスパーソンなど、ある程度の知識を持っている人がだまされるケースも増えてきました。

そうした詐欺事件の共通点は、いったいなんなのでしょうか。私も仕事柄、いろいろな詐欺事件を調べて、どういった共通点があるのかを検証してきました。

まず最大の共通ポイントは「元本保証」をうたっているということです。多くの詐欺事件は、この四文字で投資家を安心させています。

次に「高配当」をうたい、高い利回りを約束していることです。

そして、3つ目に「仕組みが複雑」であることです。実際に、そうした詐欺事件を起こした幹部クラスの逮捕後の話を聞いてみると「自分でもよく分からない仕組みだった」という例も少なくありません。私も以前、マスコミからの依頼で、ある詐欺事件の仕組みを調べたことがありますが、正直なところ、矛盾だらけで中身がよく分かりませんでした。

だまされた人は、よく分からない仕組みに疑問を持たなかったのでしょうか。

首謀者の多くは「今まで誰も作り出せなかったような素晴らしい仕組みがあるから儲かるんです！」という説明をします。つまり「誰にもできるような、そこらへんにあるようなものではないんだ！　だから、よく分からなくても仕方ない」というわけです。しかし、このように普通の人が聞いても分からないような仕組みのものが、詐欺事件には非常に多いのです。

そして、４つ目の特徴が、ねずみ講やマルチ商法などの仕組みを巧みに利用している点です。

「自分が会員になったあと、友人や自分の知人を勧誘すると、紹介料がもらえる」といった形態です。被害者が加害者にもなってしまうこの悲惨な仕組みが、被害を大きくしています。

では、詐欺事件に遭わないようにするには、どうしたらよいのでしょうか。

「よく分からないものには手を出さない」――これに尽きます。

仕組みをよく理解できない金融商品を買うということは、ハンドルが右についているのか左についているのか分からずに車を買うようなものです。土地の謄本も見ずに家を買うのとほとんど同じです。自分がきちんと理解できなければ買わない、このことが基本中の基本なのです。

買わないことによって、マイナスになることは、なにもありません。しかし、分からなくても買ってしまうのは、自分の心のなかに潜む射幸心や儲け心が煽られて、「やらないと損をするかもしれない」という〝機会損失〟の心理が働いてしまうからです。そしてついつい「他の人もやっているから私も買ってしまおう」という方向に走りやすいのです。

「なにがあっても、分からないものはやらない」――このルールを、とにかく守ってください。そうすれば、金融詐欺に遭うことは、まずありません。投資しないからといって、損を被ることはないのですから。

資産運用や投資に「ノーリスク」はない

資産運用をするときに考えなければならないことのひとつに「リスク」があります。通常「リスク」と聞くと「危険」「怖いもの」そして「できれば避けたいもの」と思われる方がほとんどではないでしょうか。

しかし、投資の世界においては、リスクとは一般的に「価格のブレ」を意味します。つまり、自分の期待しているリターン（目標収益）に対して、投資した金融商品の価格のブレがどれだけあるのか、それを投資の世界では「リスク」と呼ぶのです（リスクの考え方については、第2章で詳しく述べます）。

リスクが高くなると、当然、それだけ大きく金融商品の価格は乱高下します。例えば、100万円を投資したとき、1日目は10万円の利益が出たが、2日目にはいきなり20万円の損失になったという具合です。つまり、リスクが高くなると「夜も安心して眠れない」ことにもなりかねません。

重要なことは「このリスクをうまくコントロールできるか」どうかです。例えば、普通預金は元本保証であるため、低リスク商品といえます。したがって、金利も低いわけです。つまり、低リスク・低リターンです。

では、リスクを仮に5%取ると、リターンをどれだけ得ることができるでしょうか。

投資家の関心事は、まさにそこにあります。「どれくらいのリスクを取ると、どれくらいのリターンを得る確率があるのか？」というのが、いわゆるリスクとリターンの関係であり、そのことを常に頭に置いておく必要があるのです。

先ほど述べた詐欺の多くは「ノーリスク」とか「低リスク」という言葉をよく用います。そして「高リターン」「高配当」という言葉もよく使います。

これは経験上いえることですが「ノーリスク」をうたっているような金融商品には、絶対に手を出すべきではありません。私は「ノーリスク」という言葉を使うこと自体、その運用会社や販売会社（取り扱っている金融機関）の〝資質〟に問題があると考えています。

運用の世界に「ノーリスク」など、絶対にないからです。たとえ固定金利の銀行預金であったとしても、なんらかのリスクは必ず存在します。「資産運用や投資は、あえてリスクを買って行うものなのだ」ということを理解していただきたいと思います。

重要なのは「自分に合ったリスク」を買うことです。逆にいえば、自分に合ったリスクを見つけ出すことによって、その投資家に適した金融商品を見つけることができるのです。

「人間の視点」と「お金の視点」の違い

次に考えていただきたいのが「資産運用では人間の思い込みが失敗を招く」ということです。

投資に失敗する最大の原因に、人間の視点とお金の視点の違いをよく理解できていないことが挙げられます。お金というのは、なんの感情も持たない「ただのモノ」でしかありません。どちらに行ったら得になるのか「得になるほうに動く」という合理的な動き方をします。

雨が降ったあとに道にできた水たまりをイメージしてください。小さな水たまりと大きな水たまりが近くにあった場合、小さな水たまりは、大きな水たまりに吸い込まれるようにひとつになっていきます。

お金の世界もまさに、これに近いものがあります。大きな資金が、小をのみこんでいくのです。つまり、お金というものは「どこに行ったら、さらに増殖できるのか」ということを単純かつ合理的に考えて動いてゆくのです。

一方、人間は「感情の生き物」です。心理状態によって意思決定や行動が変わります。保有している株など金融商品の価格が下落して、本来冷静に考えれば、いったん損切り（売却して損失を確定させること）をして運用をやめるべき場合であっても、そのような行動をとれないことがよくあります。

「いつかは上がるだろう」と、いわゆる塩漬けをすることもあれば、「ここまで下げて安くなったのだから、買い増ししよう」と、いわゆるナンピン買いをしてしまうこともあります。しかし、それらの行動は、人間の心が勝手に自分の都合の良いよう、市場の動きを希望的に判断もしくは予測しているにすぎません。

相場の世界は、よく「心理戦」「心理ゲーム」といわれます。そのことをまず理解しておくことは大変重要です。そして、この心理ゲームに勝つために、前述の「お金の視点」を取り入れて、合理的に判断し、行動する仕組みを持つことが重要といえるのです。

投資信託の運用成績を調べてみると、ファンドマネジャーの判断や読みによってベンチマーク（運用目標。日本株の投資信託ならＴＯＰＩＸ＝東証株価指数や日経平均株価など）を上回る運用を目指す「アクティブ型」の投資信託よりも、ベンチマークに連動するよう機械的に運用する「パッシブ型」の投信のほうが、総じてリターンが良かったという結果が発表されています。これなどは、人間の判断や読みが必ずしも当たらないという一例ではないかと思います。

いずれにしても、資産運用や投資をするときには、自分自身の勝手な「思い込み」を排除するためにも〝合理的なマイルール〟をしっかり持って、それに機械的に従うことが重要といえるでしょう。

「良いお金」と「悪いお金」について考えてみよう

「お金に色はついていない」といわれる一方で、お金には「良いお金」と「悪いお金」があるともいわれます。それは本当でしょうか。

もちろん、単にお金をながめているだけで「良いお金」か「悪いお金」かの判断はつきません。また、色がついているわけでもありません。お金は「ただのモノ」でしかないからです。

ところが、先ほど述べたように、人間には心理というものがあり、お金の価値を自分で勝手に作り出してしまいます。例えば、1カ月の間、昼夜を問わずヘトヘトになって働いて稼いだ30万円と、ほんの30分のギャンブルで儲けた30万円では、本人にとっての価値は全く違うものとなるでしょう。

しかし、銀行に預ければ、通帳に記載されるのは同じ30万円です。また、使用価値も全く同じです。このように、本人の思い入れや心理状態によって、お金の価値は全く違って感じられるものです。

「悪銭身につかず」とよくいわれるように、努力せずに手に入れた「あぶく銭」は、なかなか残らないという事例を多く目にします。資産運用でも「一攫千金」だとか「人の裏をかいて儲けよう」という考え方では、成功の確率は低いだけでなく、あまり良いお金を作り出していくことはできないでしょう。

その意味で、自分自身がきちんと努力して計画的に積み上げていったお金は、それだけ価値の高いお金ではないでしょうか。資産運用においても、目的を明確に持ち、自分ルールのもと「将来のための資産形成をするのだ」という心構えで臨んでいただきたいと思います。

どうすれば「お金」を支配できるのか

「お金」は本来人間が作り出した産物であり、人間が支配すべきものです。ところが、残念ながら現実には、お金に「支配されている」人を多く見かけます。

それは、世の中で起こるさまざまな犯罪を見ても明らかです。お金欲しさに強盗や詐欺をはたらくといった犯罪が頻繁に発生しています。犯罪行為などもってのほかですが、これはまさに、人間がお金に支配され、操られている一例といえるでしょう。

では、人間がお金を支配するには、どうすればよいのでしょうか。

資産運用の視点からいえば、まず「なんのためにお金を運用しなければならないのか？」をきちんと認識することが重要だと思います。つまり、目的を明確に意識するということです。言い換えれば、目的が明確でなければ、資産運用の成功はおぼつかないと私は思っています。

自分がなぜ資産運用をするのか。もちろん「将来の資産形成のため」という方もいるでしょうし、「趣味でやりたい」という方もいるでしょう。

目的はさまざまでも、目的が決まれば、そのための手段も決まります。「どのような投資方法で」「どのくらいの期間で」「いくらぐらいの資金で」「どの程度のリターンを目標とするのか」……と、徐々に決まってきます。そして、結果として、お金の運用法――例えば、株式投資、投資信託、ＦＸ（外国為替証拠金取引）、債券運用など――が決まります。

逆にいえば、目的が決まらないうちに、いきなり金融商品を買ってはいけません。「儲かるから」などと勧められ、いろいろな投資商品に手を出すのは禁物です。その結果、詐欺に遭ったり、予期せぬ損失を被ったりして、大切な財産を失うことになりかねないからです（私自身、イヤというほど経験をしました）。

大切なのは「自分自身の投資の目的はなんなのか」を常に意識することです。そうすれば、お金に支配されるのでなく、お金を自分で支配することが可能になってきます。

すなわち「しなくていい投資が分かるようになってくる」のです。

COLUMN

〝時間とお金〟の関係をイメージしてみよう

「皆さんは、自分があとどれくらい生きられるかご存知ですか？」

「なにをいきなり」と思われるかもしれませんが、大抵の方は、明確に答えることはできないと思います。ばく然と、平均余命を参考に50年、30年といったイメージではないでしょうか。

しかし、世の中には、より明確に答えをもっている方もいらっしゃいます。それは、病気などで余命を宣告された方です。

「あなたの命は、あと1カ月です」

皆さんがもし、このように告知されたら、どう感じられるでしょうか。おそらく「時間」というものを非常に意識するのではないかと思います。時間換算で、30日×24時間＝720時間という〝命〟の「時間」です。

そして、この間、皆さんはどのような過ごされ方をされるでしょうか。「会社を辞めて、家族と一緒に時間を過ごす」「貯めてあったお金を使って世界一周に出かける」「趣味のテニスに没頭する」……など、残された時間をそれぞれ有効に使おうと考えられるでしょう。

私も以前、闘病生活をおくる方々の手記を読んだことがあります。そのなかには残された時間を辛くとも精一杯生きられたことがつづられています。なかには「今までの32年間よりも、家族と暮らしたこの3カ月の時間のほうが本当に充実していた」といった手記もありました。

毎日を健康に過ごしていると、この「時間の価値」を感じる機会は、そう多くないかもしれません。しかし、間違いなくいえることは、私たちの命は〝有限〟であるということです。

「オギャー」と生まれた赤ちゃんも、その瞬間に死ぬ宿命を背負って生まれています。**したがって「命とは、時間である」といえるのです。**

人の一生は、まさに時間の積み重ねです。平均寿命が延びているとはいえ、この時間をどう使って生きてゆくのか、それが人生において大切なことなのだと思います。

ならば、人生において、お金とはいったいなんなのでしょうか。生きてゆくうえで必要なものではありますが、お金で「命（時間）」を買うことはできません。

人生で最も大事なものは、あくまで「時間」なのです。つまり、自分の有限な時間を大切に使ってゆく手段として、お金が必要なのであり、けっしてその逆ではないということです。

お金を稼ぐことを目的に時間を使うのは、果たしてその人にとって有益な時間なのでしょうか。本来は、有益な時間を過ごすことを目的に、お金を稼ぐ、そして資産運用をするのではないかと思います。

世の中で一番幸せな人とは、自分の時間を有効に使いながらお金を稼ぎ、そしてそのお金で自分の時間をさらに有効に使う……というサイクルを持っている人でしょう。

それは、資産運用の世界でも全く同じです。お金を稼ぐためにやりたくもない資産運用や投資の勉強をして、成功するか失敗するかも分からないようなことに時間を費やすのは、本来の目的ではないはずです。

なるべく自分の時間を有効に使う手段としてお金の運用を考え、自分の時間を無駄に使うようなことには手を出さず、自分の「目的」にあったやり方だけでお金の運用を考える――これだけで十分です。

「有限な時間」を、大切に使っていきたいものです。

第2章

資産運用のウソとホント

投資はどんな人にも必要なのか

以前、小泉政権期に「貯蓄から投資へ」という政府の掛け声もあって、日本中で「投資をしなければならない」という風潮がありました。しかし、果たして投資は誰もがしなければならないことなのでしょうか。

結論からいうと、答えは「ノー」です。投資をする必要のない人は、しなくてもいいのです。

一例を挙げましょう。例えば、自分のライフプランを考えたとき、今ある資産で十分生活していける人は、投資をしなくてもいい人です。また、使うお金よりも残すお金のほうが圧倒的に多い人も、投資などしなくてもいいと思います。

10億円の資産のある人が、どう考えても年間1000万円ほどしか使わない生活をしているなら、単純計算で100年分あります。仮に平均寿命から考えてあと30年の余命があるとすると、年間1000万円ほどしか使わないとすれば、3億円程度で十分足りるわけです。

そういう人は、10億円を減らさずに、きちんと残すことだけを考えればいいわけで、殖やす運用をする必要はありません（もちろん、趣味などなにか「目的」があれば、話は別です）。

なぜ、こんな話をするかというと、実際に私のところに相談にいらっしゃった方のなかに、しなくてもいい投資をして大切な「お金」を失っている方が非常に多くいるからです。

実際に、こんな相談者がいました。すでに夫を亡くされている75歳の女性で、子供も独立しているため、自分の生活だけを考えればよいという立場の人でした。しかも、夫の遺産で1億円ほどの現金を持っており、遺族年金も入ってきます。ぜいたくな生活はしていないため、年金だけでも使い切れない状態でした。

それなのに、ある証券会社で投資信託を勧められ、2つの投資信託に5000万円ずつ、計1億円を投資してしまったのです。しかも、それらの投資信託の基準価額は、株価の下落に伴いみるみる下がってしまい、この女性が私のところに相談にいらっしゃったときには、6000万円にまで減っていました。つまり、なんと4

割もの財産を失っていたのです。

私は、値下がりしていたそれらの投資信託を分析した結果「今後、回復する見込みはほとんどない」と判断しました。しかも、女性の今後のライフプランから考えると、これからどうしても1億円が必要なわけではありません。加えて、生活資金も十分でした。

そこで私は、これらの投資信託を売却して損失を確定させること、つまり「損切り」をお勧めし、残ったお金は比較的リスクの低い預金や債券で運用するプランをご提供しました。結果的にその投資信託がさらに2割強下げたこともあり、ご本人には喜んでいただくことができました。

これは、投資をする必要のない方が失敗してしまった一例です。幸い、その方には十分な財産が残りましたが、もっと悲惨な、そして切実な実例は、たくさんあります。

誰もが必ず投資で資産を殖やさなくてはならないわけではありません。投資をするかしないかは、あくまで個人のライフプランに必要かどうかで判断すべきなのです。

資産運用をする前に考えておきたい４つのこと

私は、資産運用をする前に考えるべきことが4つあると考えています。

まず、ひとつ目は「資産運用の目的を明確にする」ことです。

実際には、ほとんどの投資家が、いきなり金融商品選びから入ってしまいます。私のところにも「どういった金融商品がよいのでしょうか?」「こういった金融商品を買いたいと思いますが、どうでしょう?」といった相談が、多く寄せられます。

実は、こうしたアプローチでは、たまたま利益が出ることはあっても、目指す運用成果には到底おぼつかない結果しか出すことはできません。その最大の理由は、資産運用の「目的」を明確にしていないからです。

「なんのために資産運用を行うのか?」——これが、最初に考えなければならないことです。

目的が決まったら、次に「運用可能期間」を考えます。例えば、運用の目的を「公的年金の期待ができないので、老後のために運用したい」としましょう。仮にその人が50歳であれば、10年間もしくは15年間が当面の運用可能期間ということになります。その長短によって、とるべき投資戦略は全く違ってくるのです。

運用可能期間が決まったら、3つ目は、その間に運用できるお金がいくらあるのか、つまり「運用金額」について考えます。

当然ですが、翌年に必要になる子供の大学入学資金や生活資金に手を出して投資するような事態は、絶対に避けねばなりません。そのために、自分がどのくらいのお金を運用に回せるかを考える必要があるわけです。

そして最後に決めるのは「ターゲットリターン（目標利回り）」です。

一般的には「投資を行う以上、利益は大きければ大きいほどよい」と考えるでしょう。したがって、投資家の方に「どれくらいのリターンをお望みですか?」とたずねると、たいていの場合「できるだけ多く」という答えが返ってきます。しかし、それでは適切な金融商品を選ぶことはできません。

その人の「運用可能期間」と「運用金額」によって、どの程度の利回りを目指すのかが変わってきます。３％の運用でいいのか、５％の運用なのか、場合によっては10％の運用が必要なのか、それによって実際の運用方法が変わってくるのです。もっといえば、最終的に選ぶべき金融商品が目標とするリターンで変わってくるということです。金融商品の話が出てくるのはそれからで、あくまでも最後です。

まず「投資の目的」があり、「運用可能期間」があり、「運用可能額」があり、そして「ターゲットリターン」が決まり、そこから初めて、どんな金融商品を購入するかが決まります。その順番を間違わないことが大切なのです。

「お金は命の次に大切」は本当か

よく「お金は命の次に大切」といわれます。たしかに、お金は私たちが生活していくうえで大切なものですが、第１章で述べたように、けっしてお金に支配されてはいけません。

繰り返しますが、大事なのは、自分自身の生き方や目的を明確に意識することです。資産運用に目的があるように、その人の人生にも目的や目標設定があるはずです。その目的を達成してゆくための手段のひとつとして、お金の運用があるのです。

しかし、残念ながら現実の社会では、お金に執着するあまり、自分の人生の目的を踏み外してしまったり、大切な人との人間関係を壊してしまったり、あるいは自分のものでないお金に手を出すなど犯罪行為に手を染めてしまったり……といったことが毎日のように起こっています。

お金は、主従関係の「従」の役割であり、手段でしかないことを明確に意識しておく必要があります。これは、特に資産運用の世界でも大切なポイントです。お金を儲けたいがためだけに行った投資は失敗するケースが多いからです。

では、改めて、

「あなたにとって、命の次に大切なものはなんですか?」

その答えを、ぜひ見つけていただきたいと思います。

あなたにとって最適な「資産運用」の手段とは

資産運用に取り組むための心構えを理解されたうえで、具体的な資産運用の手段について考えてみましょう。

資産運用にはさまざまな方法があるので、最初は迷ってしまうかもしれません。ただ、前述のように「目的」「運用可能期間」「運用可能額」「ターゲットリターン」が明確になると、おのずと手段は決まってくるものです。

例えば、預金でみると、２０１１年1月現在、定期預金で0・5％程度、良くても1％程度の金利しかつきません。したがって、その人のターゲットリターンが5％だとしたら、当然、預金だけで運用する方法では、目標を達成できません。

逆に、年5％のリターンを目指している人が、先物やFXで、高いレバレッジを効かせた取引をするのも、けっして正しいとは思えません。レバレッジとは、テコの意味で、先物やＦＸで、投資資金の数十倍となる規模の取引を可能とする仕組みです。

もしどうしてもＦＸを利用するのであれば、レバレッジをかけないか、あるいはかけても2倍程度に抑えた状態で、金利の高い安定した通貨で運用することです。そうすれば、年5％といった目標リターンにあった比較的低リスクの運用ができるでしょう。

重要なのは「流行っているから」「誰かがやっているから」といった理由ではなく、あくまで自分の資産運用の「目的」や「運用可能期間」などの前提条件を意識しながら、それに適した手段を選ぶということです。

自分で運用するか人に託すか

資産運用には、大きく分けて2つの方法があります。ひとつは「自分で運用する方法」、もうひとつは「自分以外の人に運用してもらう方法」です。

自分で運用するということは、例えば自分で株式を買い、自分のルールのなかで利益を狙うことです。自分で売り買いのタイミングを判断しながら取引をします。

もちろん、自分で運用するには勉強をしなければなりません。今はさまざまな投資書籍も出ていますし、投資セミナーもあります。また、売買に役立つプログラムなども販売されています。

ただ、どれを利用するにせよ、かなりの時間をかけて勉強、そして努力し、運用の全責任を自分で負いながらやっていく必要があります。

このとき大切なことは「運用ルール」を明確に作ることです。例えば「ひとつの銘柄には自分の財産の何％までしか投資しない」とか「利益が20％出たら、いったん売って利益を確定させる」といったルールです。

そして、そうしたルールのなかで最も大切なのが「損切り（ロスカット）のルール」です。例えば「買った銘柄が10％値下がりしたら、自分の意思とは関係なく、機械的に売って損失を確定させる」といったルールを決めるのです。自分で運用する場合は、このような〝マイルール〟をきちんと守る「強い意志」がないと、なかなか成功することはできません。

一方、自分以外の人に運用してもらう方法には、専門家が運用する投資信託などの金融商品を購入する方法があります。

自分で運用するわけではないので、運用そのものの勉強よりも、どんな仕組みで運用されているのか、運用しているのはどういう人か、どんな会社か、運用会社の信用・格付け・資産規模はどの程度か、そして「どうなると自分に利益が出て、どうなると自分に損が出るのか」を、きちんと理解することが重要です。

また、人に運用を託す場合、売買を頻繁に繰り返すとコストが高くなります。短期よりも中長期の運用に向いているといえるでしょう。

以上のように、運用を自分で行うか人に託すかによって、資産運用や投資にかける時間やコスト、労力など、その取り組み方は全く違ってきます。まずは「自分で行うのか人に託すのか」をきちんと決めることが重要です。もちろん、資金をきちんと分離して、２つの方法を併用してもよいでしょう。

投資のタイミングを考える前に、考えるべきこと

では次に、投資のタイミングについて考えてみましょう。

通常、投資をする人はみな、タイミングを意識します。例えば、現在、株式市場が1年近く低迷しているとして、今は買い時でしょうか、それとも売り時なのでしょうか。

投資をしていると、難しい判断を迫られる場面は、頻繁に訪れます。しかし、タイミングだけで投資の判断をすることは、実は非常に危険といえます。

それではなにを一緒に考えるべきなのでしょうか。

大切なのは「投資期間」で考えることです。先ほど述べたように、投資の目的によって投資期間が決まってきます。

投資期間が短い場合、当然ながら、その短い期間で相場が大きく変動するときをとらえなければなりません。したがって、タイミングは非常に重要な要素といえます。1日のうちに株を何度も売り買いするデイトレードなどは、まさに投資タイミ

ングが〝命〟といえるでしょう。

対して、投資期間が10年の場合、その間には株式市場しかり、商品市場しかり、マーケットはかなり大きく変動します。そのため、目先に山や谷があっても10年間で見たら大きな変動でなかった、ということはよくあることです。

したがって、中長期的な運用を行う場合、タイミングよりも、投資商品の構成や配分比率（アセットアロケーション）を大局的に考えることのほうが重要であるといえます。つまり、タイミングの重要性は、投資期間によっても変わってくるのです。

一括投資と積立投資の違い

投資をするとき「投資回数」という観点から考えると、2種類に分けることができます。

ひとつは、投資のタイミングが基本的に一度の「一括投資」です。例えば、今持っている100万円を一度に投資するようなケースです。対して、投資のタイミングを複数回に分けて、定期的に同額の投資を続けていく方法を「積立投資」といいます。例えば、同じ金融商品を毎月、一定額ずつ購入し続けるような方法です。

ここで注意しなければならないのは、一括投資か積立投資かによって投資対象となる金融商品が大きく違ってくるということです。さまざまな金融商品が存在し、マーケットのボラティリティ（変動）が非常に高い現在、それを間違わずに投資を行うことが大変重要です。

一括投資のときに使う〝ものさし〟

まずは、一括投資での金融商品選びについて考えてみましょう。

例えば、100万円でA社の株を買ったとします。今後、この株の値段が100万円よりも上がれば「勝ち」、下がれば「負け」です。100万円が基準になり、それよりも上昇するか下落するかで勝敗が決まります。

単純明快です。したがって一括投資では、基準よりも価格が下がらないことが一番望ましいわけです。

しかし、株式などの場合、値動きが激しく、翌日に100万円が110万円に値上がりして喜んでいたら、2日目には逆に90万円に値下がりしてしまった……というようなことはよくあります。そのため、一括投資では、そうした値動きの影響をあまり受けないような投資商品や投資手法を用いたほうが、安心して生活を送ることができるといえます。

一般的に、価格の上がり下がりをあまり気にしないでいられる人は「リスク許容度が高い人」、少し値下がりしただけで夜も眠れなくなってしまう人は「リスク許容度が低い人」といえるでしょう。したがって「一括投資」の場合、自分自身の性格もよくふまえたうえで「自分のリスク許容度」に見合った金融商品を選ぶことがとても重要となります。

そして、ここで大切なことは、その「リスク」を測る〝ものさし〟をきちんと理解しておくことです。

〝標準偏差〟でリスクを測る

一括投資で最も重要なことは「リターン」ではありません。

例えば、ある金融商品の説明書に「5年間の平均リターンが10%」と書いてあると、多くの投資家が「毎年10%の利益が出る」ことだけに目を奪われてしまいがちです。しかし、実はそれよりも、より重視しなければならないものがあります。

実際に投資するときに注目すべきなのは、リターンではなく「リスク」です。そしてこのリスクを測る〝ものさし〟として、ぜひ覚えておきたいのが「ボラティリティ」という言葉です。

「Volatility（ボラティリティ）」を辞書で引くと「不安定さ」とあります。 投資の世界では「変動率」ともいい、金融商品の価格の〝ブレ〟などを表現するときに用います。また、統計学上は「標準偏差」や「シグマ（σ）」という言葉で表します。

つまり、先ほどの例でいえば、10％のリターンを上げるのにどれだけのリスク＝標準偏差があったかに着目することが重要なのです。

それでは、リターンと標準偏差の関係について具体例で説明しましょう。リターンは同じですが標準偏差の異なる2つの金融商品AとBがあったとします（**図表2・1**）。

金融商品Aは、5年間の年平均リターンが10％で、標準偏差も10％。金融商品Bは、5年間の年平均リターンが10％で、標準偏差が5％です。この2つの金融商品（AとB）は、どちらに投資しても、結果としてリターンは10％でした。しかし、その過程は次のように違います。

金融商品Aは、標準偏差が10％です。これは5年間の間に、その金融商品の価格が上下に10％〝ブレた〟ことを表しています。10％のリターンに対し、上下10％のブレがあったということは、マイナスにブレた場合の「0％」から、プラスにブレた場合の「プラス20％」の間で、価格がブレたということです。

統計学では、この0～プラス20％の間に価格が入る確率が、過去5年間で68％だっ

図表 2.1　標準偏差はリスクのものさし

金融商品A（5年間の年平均リターン10%、標準偏差10%）

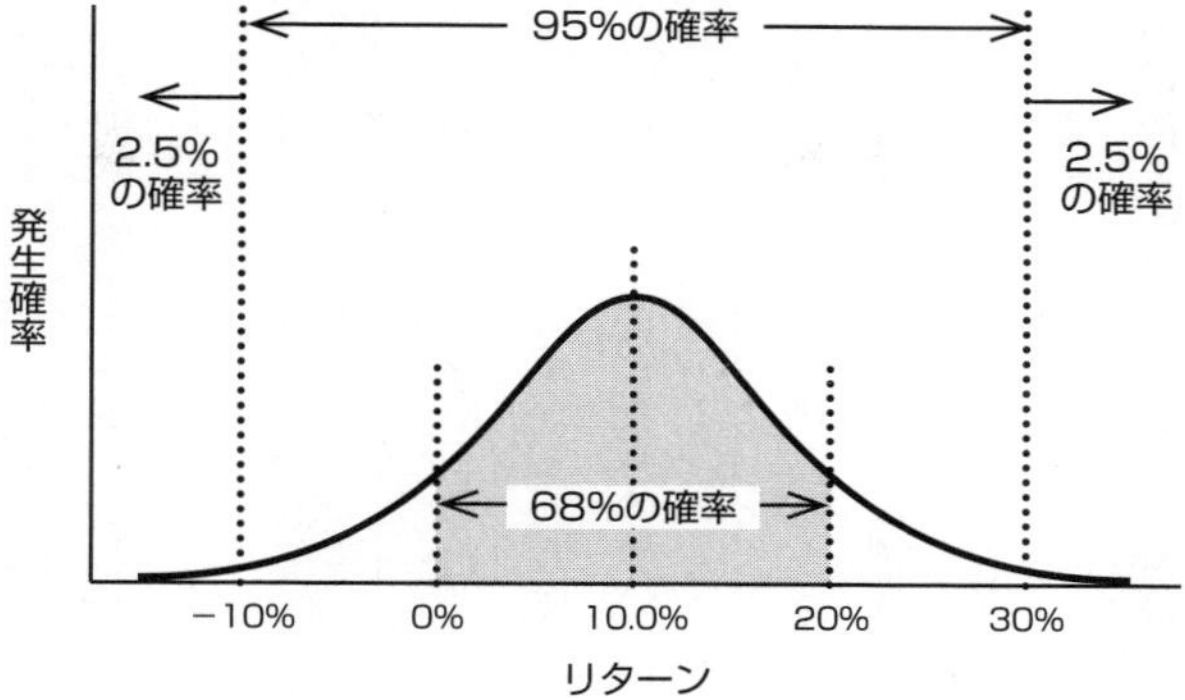

金融商品B（5年間の年平均リターン10%、標準偏差5%）

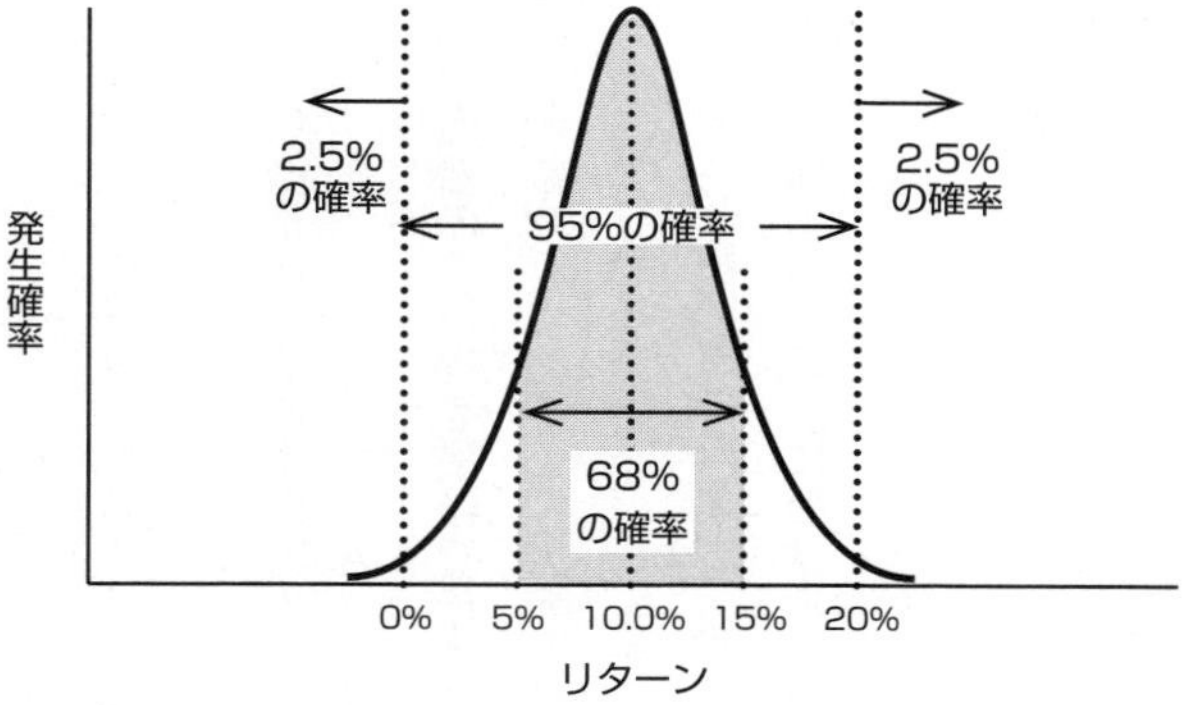

たと表現されます。

次に、この標準偏差を2倍すると「20％」になります。同じく10％のリターンを中心に20％ブレるということは「マイナス10％」から「プラス30％」までとなります。統計学では、このマイナス10％～プラス30％の間に価格が入る確率が95％だったと表現されます。

つまり、標準偏差を2倍にすると、統計学上95％の価格のブレ幅を網羅できるわけです。 少し難しく感じるかもしれませんが、このことを知っておくと、大変有効な「リスク」の判断基準となります。

先ほどの金融商品Aを、価格のブレ幅という観点から、再度みてみましょう。5年間の年平均リターンが10％だったものの、その5年間のある時点における価格は、マイナス10％～プラス30％の間のどこかにあった可能性が非常に高いということです（95％の確率で）。これは価格が瞬間的にマイナス10％に下がっていた可能性も表しています。

一方、標準偏差が5％である金融商品Bはどうでしょうか。

10％のリターンに対し、上下に5％のブレがあったということは、「プラス5％」から「プラス15％」までの間に価格が入る確率が68％です。標準偏差を2倍すると「10％」になりますから、0～プラス20％の間に価格が入る確率は95％となります。したがって、この金融商品Bは、5年間の年平均リターンが10％だったわけですが、その5年間のある時点における価格は、0～プラス20％の間のどこかにあった可能性が非常に高いということです。別のいい方をすれば、この数字を見るかぎり、金融商品Bは〝元本割れしにくい商品〟であることを表しています。

これらのことから判断して、皆さんは金融商品AとBのどちらに投資されるでしょうか。リターンが同じ10％であれば、標準偏差の低い（いわゆるリスクの低い）Bを選ばれる方がほとんどだと思います。

しかし、金融商品Aが絶対に投資対象にならないというわけではありません。仮にその投資家が、30％のリターンを目指すのであれば、金融商品Bではおそらくターゲットリターンには届かないからです。価格のブレが大きい金融商品Aには、マイナスになる確率もありますが、図に示したようにプラス30％以上になる確率もあるのです。

ただ、現実的なリスク（標準偏差）とリターンの関係をみてみると、安定運用を目指す方は「リターン7～10％、標準偏差3～6％」、そして積極運用を目指す方は「リターン12～20％、標準偏差8～15％」といった投資商品を選ぶ傾向があります。つまり、前者は〝ローリスク・ミドルリターン〟、後者は〝ミドルリスク・ハイリターン〟という関係と考えられます。これがいわゆる、リスクに見合ったリターンという考え方です。

ですから、一括投資をされる場合は、リターンだけではなく、ボラティリティもしくは標準偏差として表示されている数値をよく見たうえで金融商品を選ぶことがとても重要となります。

〝ドルコスト平均法〟の投資妙味を押さえる

ここで説明する「積立投資」は、初心者の方にも効果的な投資方法だと思います。

これは「ドルコスト平均法」とも呼ばれる投資方法で、一度きりのタイミングで投資をおこなうのではなく、毎月1万円というふうに一定額を決めて、同じ投資商品を継続的に購入する方法です。

当然のことながら、金融商品の価格は常に変化します。しかし、投資金額は毎月一定です。したがって、購入できる「口数（ユニット数）」は価格変動によって毎月変わることになります。

では、具体的に、ドルコスト平均法を用いた運用例を、相場の変動と照らし合わせながら、考えてみましょう。

◆上昇相場におけるドルコスト平均法

毎月1万円ずつ6カ月間、ある投資信託Aに積立投資を行ったと仮定して考えてみましょう。投資した資金の合計金額は、6万円となります。

投資信託Aは1月、1口1０００円でした。したがって、購入した口数（ユニット数）は10口（＝1万円÷1０００円）です。

図表 2.2　上昇相場におけるドルコスト平均法

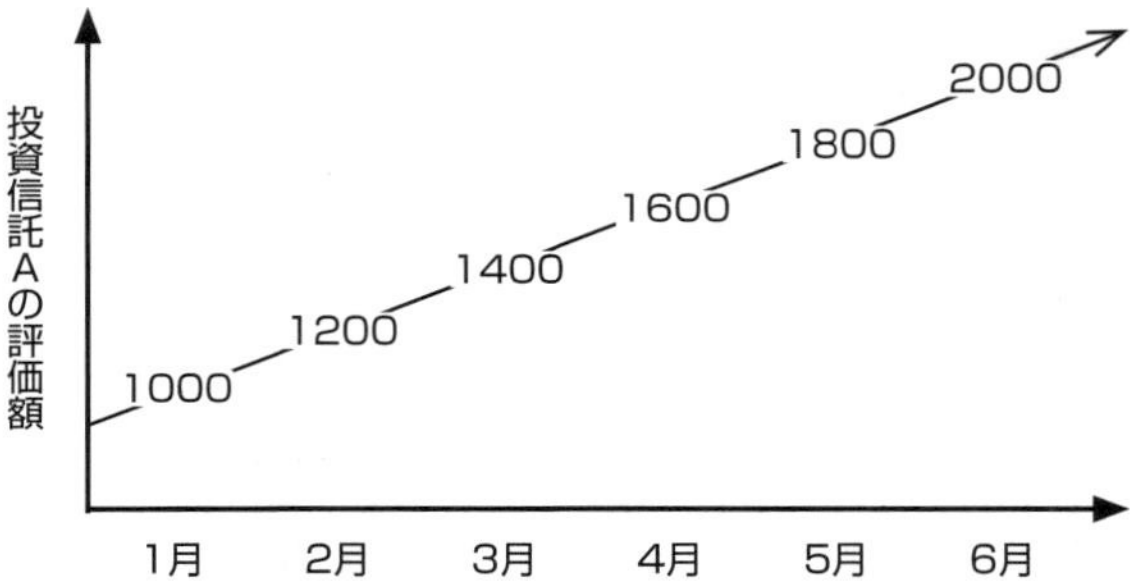

	基準価額	購入口数
1月	1000円	10.0
2月	1200円	8.3
3月	1400円	7.1
4月	1600円	6.2
5月	1800円	5.5
6月	2000円	5.0
合計		42.1

※小数点第二位以下切り捨て

毎月 1 万円を投資したときの
6 カ月後（積立元金 6 万円）の資産残高

↓

合計 : 42.1 口× 400 円 ＝ 8 万 4200 円

この投資信託Aの価格が上昇し、2月に1口1200円になったとします。すると、1万円で購入できる口数は減って、8・3口です。そして、3月には1口1400円に値上がりしたとすると、購入できる口数は7・1口になります。

このように価格が上昇するにしたがって、買える口数は徐々に減ってゆきます（**図表2・2**）。

価格は上昇を続け、6月には1口2000円になりました。そして、**図表2・2**に示したとおり、6カ月間の合計購入口数は42・1口となりました。価格は2000円ですので、6カ月目の資産残高は8万4200円（＝42・1口×2000円）となります。

右肩上がりの上昇相場で利益が出るのは、当然といえば当然です。それでは次に相場が上下動した場合の例を見てみましょう。

◆上下動相場におけるドルコスト平均法

図表2・3に示した上下動する変動相場では、1月に1口1000円だった投

資信託Bの価格が、2月は800円、3月は500円、4月は500円、5月は800円、6月は1000円と変動しました。

この例では、1000円で始まって1000円で終わったわけですから、仮に1月に一括投資をしていれば「手数料分だけ損をしたけれど、まぁそれほど大きな損をしなくてよかった」という結果になります。もちろん、運用していた6カ月間は〝ハラハラドキドキ〟だと思いますが。

しかし、ドルコスト平均法の場合、価格が下がったときも1万円ずつ買い続けるので、2月は800円で12・5口、3月は500円で20口……というように、価格が下がるほど購入可能な口数が増えます。

この例では、6カ月間の合計購入口数は85口でした。価格は1月と同じ1000円ですが、6カ月目の資産残高は8万5000円（85口×1000円＝8万5000円）となるのです（**図表2・3**）。

先ほどの上昇相場の例では、6カ月目の資産残高が8万4200円だったわけですから、このように上下動する変動相場であっても、上昇相場よりも大きな利益を

図表 2.3　上下動相場におけるドルコスト平均法

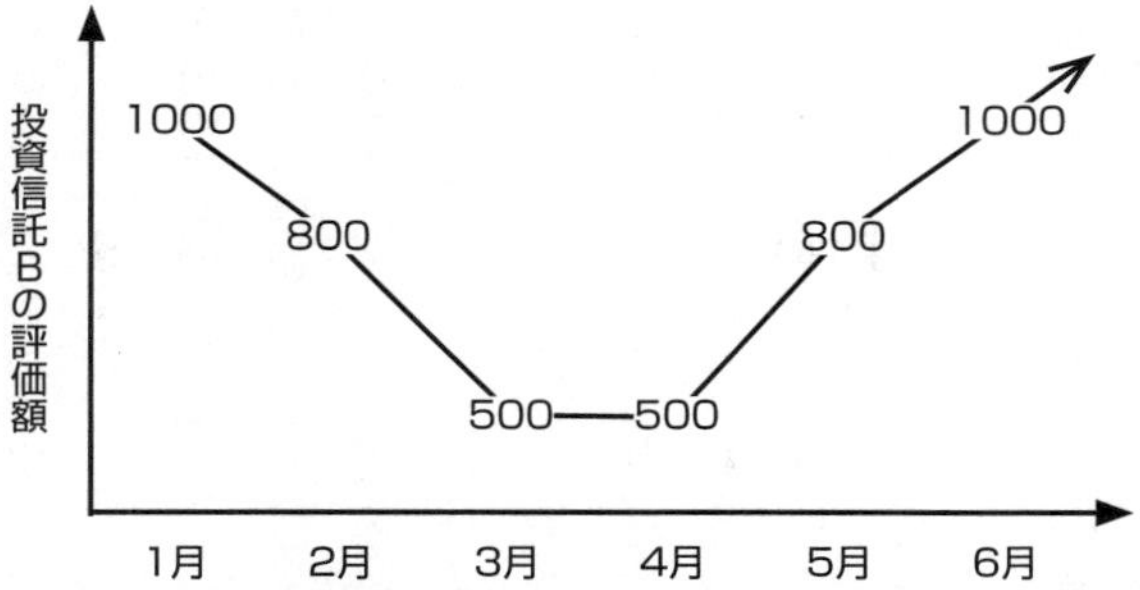

	基準価額	購入口数
1月	1000円	10.0
2月	800円	12.5
3月	500円	20.0
4月	500円	20.0
5月	800円	12.5
6月	1000円	10.0
合計		85.0

※小数点第二位以下切り捨て

毎月1万円を投資したときの
6カ月後（積立元金6万円）の資産残高

合計：85.0口× 1000円 ＝ 8万5000円

得られることがあるのです。

◆下降相場におけるドルコスト平均法

最後に、下降相場でドルコスト平均法を用いた例も見てみましょう。

図表2・4に示した下降相場では、1月に1口1000円だった投資信託Cの価格が、2月は800円、3月は500円、4月と5月はなんと10分の1の100円にまで下がり、6月に少し値を戻して400円で終わっています。

もしもこれが株式の一括投資なら、損切りすることもできず「塩漬け」状態になってしまう人が大半かもしれません。また、きちんとした損切りルールを持っている人なら、2月に200円下落したところで一度損切りしていたかもしれません。しかし、それでも20%の損失となります。

ところが、ドルコスト平均法で毎月1万円ずつ買い続けると、6カ月間の合計購入口数が267・5口となり、価格は400円に下落しているものの、6カ月目の資産残高は10万7000円（＝267・5口×400円）と増加で終わっています（**図**

図表 2.4　下降相場におけるドルコスト平均法

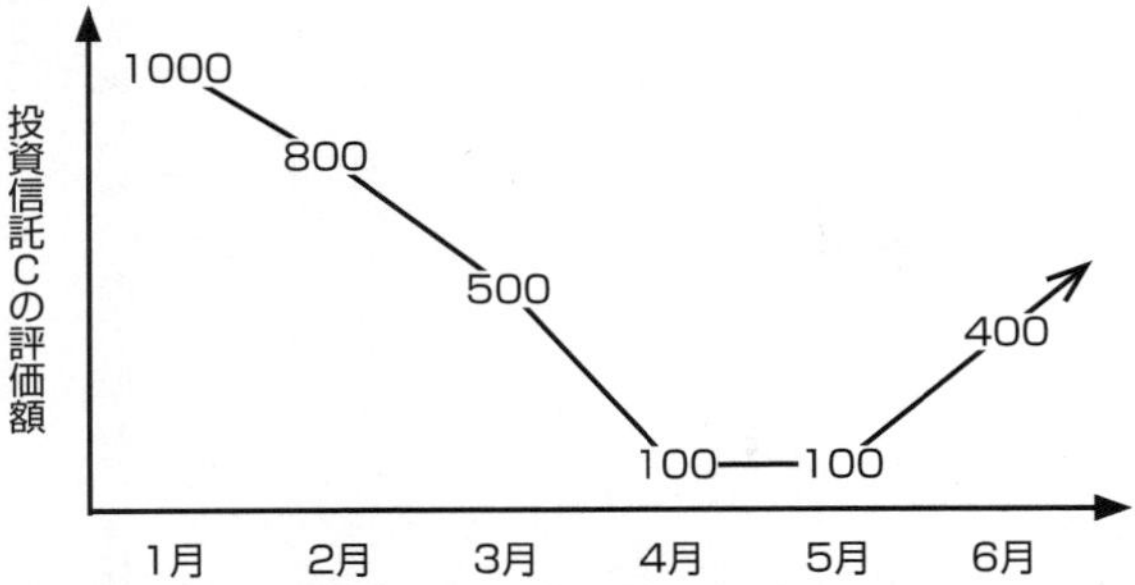

	基準価額	購入口数
1月	1000円	10.0
2月	800円	12.5
3月	500円	20.0
4月	100円	100.0
5月	100円	100.0
6月	400円	25.0
合計		267.5

※小数点第二位以下切り捨て

毎月 1 万円を投資したときの
6 カ月後（積立元金 6 万円）の資産残高

合計 : 267.5 口× 400 円 ＝ 10 万 7000 円

表2・4）。

この例では、6月時点の単価は400円で、1月時点と比べると6割も値下がりをしています。しかしながら、先ほどの上昇相場の例（6カ月目の資産残高が8万4200円）よりも、大きな利益を上げることができているのです。

これは、架空のシミュレーションだけの話ではありません。実際の例でいえば、2003年に日経平均株価が7600円をつけたときにも、株式投資信託などをドルコスト平均法で買い続けた人のなかには、その後大きく利益を上げた投資家がたくさんいました（私もその一人です）。

一定額の購入を続けることによって収益を上げる投資手法は、いわゆる「時間分散」の投資手法です。これは、これから投資を始める方にとって「投資タイミング」を意識する投資手法よりも、はるかに取り組みやすい方法だといえます。

ただし、ドルコスト平均法で勝つためには、次の2つの重要なポイント（条件）があります。

ポイント1　「投資対象に将来にわたって〝右肩上がり〟の成長が見込めること」

どんなに投資のタイミングを分散しても、その投資対象が値下がりし続けるような場合には、勝つことはできません。右肩下がりのマーケットでは「平均取得単価」が「現在価格」を上回ることができないからです。

言い換えれば、変動幅は大きくとも、将来の成長性が見込める市場であれば、投資妙味が高いといえるでしょう。例えば、新興国市場などがその一例です。

ポイント2　「投資対象が値下がりしているときに投資を中断しないこと」

いくらドルコスト平均法を実践していると分かっていても、基準価格が下がり続けていると、人は〝不安〟な心理状態に陥りやすいものです。これ以上、下がる（一時的に損する）のはイヤなので、回避したくなるのです。

しかし、積立投資では、マーケットが下げているときが、まさに〝絶好の仕入れ時〟といえます。したがって、このときに、市場から退出することは絶対に避けなければなりません。一括投資をしている投資家があわてふためいているときに「しめしめ、今は安い価格で積立できているぞ」という考え方が必要なのです。

積立投資を毎月しているような場合であれば、月次で「平均購入単価」を把握することができます。したがって、簡単にいえば「平均購入単価」よりも時価が高いときに売却することさえできれば、利益を確保できるわけです。

それには、上記の考え方をよく理解したうえで「投資期間」や「投資金額」に〝余裕〟をもって始めることが重要です。

〝失敗の法則〟を理解しておこう

資産運用をする人はみな「成功したい」「稼ぎたい」と思って投資をしています。しかし、成功者はわずかであり、大半の人は失敗するのが現実の世界です。

それでは、失敗しないためには、どうしたらいいのでしょうか。**それにはまず〝失**

敗の法則〟を理解しておく必要があるでしょう。

①金融商品から入るのではなく、まず目的を明確にする

金融商品から入ってしまうと、大抵の場合、資産運用は失敗します。資産運用の目的を明確にする前に金融商品を買わないことが重要です。

②自分の目的に合った投資手段（方法）を選ぶ

例えば、ダーゲットリターンが5％なのに、資産を2倍にするような投資方法を選択する必要はありません。簡単にいうと、自分自身が投資すべき商品かどうかを見分けることが重要ということです。本来、投資する必要のない金融商品に投資して、損をしているケースは非常に多いのです。

③一括投資と積立投資で購入すべき商品が違う

これも間違うと資産運用は大抵失敗します。

一括投資の場合は､価格のブレが小さな商品のほうが「リスク」を抑えられます。安定的な運用を目指したい方は、特に標準偏差を意識しましょう。

対して、積立投資の場合は、ある程度の価格のブレがある商品のほうが、大きな利益を得られる可能性があります。銀行や郵便局で毎月1万円を1年間積み立てたとしても、年間12万円にわずかな金利がつくのみです。金利が低くて変動しないものに積み立てても、大きな収益を得ることはできません。

したがって、前項で述べたとおり、積立投資の場合は、ある程度変動があっても、将来性の見込める相場、市場、産業などに投資することが重要です。つまり、運用期間中に価格のブレがあっても、最終的には右肩上がりに成長していく可能性の高い商品に投資することが、重要な〝キーポイント〟なのです。

一括投資では価格のブレの大きなものに投資をして、逆に積立投資ではほとんど金利がつかず価格の上昇も見込めないものに投資をするような方をときどきみかけます。これでは、ほとんどの場合、うまくいきません。ぜひ失敗の法則に陥らない「リスク」の取り方を考えていただきたいと思います。

も重要です。

金融機関の本音

失敗の法則を防ぐには、「銀行」「証券会社」といった金融機関の本音を知ることも重要です。

最近では、銀行や郵便局（ゆうちょ銀行）でも、さまざまな金融商品を取り扱うようになりました。そして、皆さんが金融商品を購入するときは、こうした身近な金融機関を利用するケースがほとんどでしょう。したがって、ぜひこの身近な金融機関の本音や立場を理解しておきたいところです。

郵便局も民営化され、私たちの日ごろお付き合いしているほとんどの金融機関が民間企業として営業しています。民間企業が存続し、従業員に給与を払っていくには、収益を上げなければなりません。それでは、彼らの収益源とは、いったいなんなのでしょうか。

その大きな収益源のひとつが「金融商品の販売手数料」です。しかも、銀行などは、預金者からの借入金である預金を、保険や投資信託といった自分たちの預かり資産以外の金融商品に積極的にシフトさせることによって、自己資本比率（総資本に対する自己資本の比率）を強化できます。

要するに、いまや多くの金融機関は、金融商品を積極的に販売する〝販売会社〟なのです。

通常、私たちが車や洋服を買うために車のディーラーやブティックに行くと、店員にさまざまな商品を勧められることになります。ただ、そういった場所にいくときは、大抵は相手にセールスされると分かっていますし、車であれば、自分自身の好みの車種や他社の車と比較して「どのくらいまで値引きしてくれたら購入しようか」などと、ある程度の知識を持って購入の判断をすると思います。また、洋服であれば、自分の好みに合わせてお店へ行くため、価格を含め、自分の納得できるものを購入するはずです。

こういった一般的な商品については、買う側の知識と売る側の知識にそれほど大きな違いはありません。

対して、金融商品の場合、販売者である金融機関に比べて、買う側の投資家の知識は非常に少ない場合が多く、「プロと素人」の違いがかなり大きいといえます。そのため、プロである金融機関の販売員の「勧誘」を受けると、その説明の内容もよく理解できないままに金融商品を購入してしまうケースが多く見受けられるのです。

ここで個人投資家が正しく理解しなければならないのは、金融機関で相談すると、最終的には彼ら（金融機関）の売りたい商品を勧められるということです。なぜなら、彼らは金融商品を取り扱う会社の社員だからです。その金融機関にとって、買ってもらいたい金融商品を勧めてくるのは当たり前のことです。彼らの「買ってもらいたい金融商品」とは、収益につながる販売手数料の高い金融商品や、系列の会社が運用している投資信託などがほとんどです。

だからといって、金融機関が一方的に悪いとはいえません。民間企業として、販売者の立場から売りたい商品を勧めるのは当然のことです。自動車のディーラーや洋服の販売員が、自分たちの売りたい商品を勧めてくるのとなんら変わりません。私たち投資家がそこをよく理解することが重要なのです。

もし皆さんが自分の立場になって金融商品の紹介や説明をしてほしいと思っているなら、販売者だけの情報に頼るのは非常に危険なことです。金融商品の知識に自信がなければ、ぜひ金融機関と対等（場合によってはそれ以上）の知識を持った第三者に相談することを強くお勧めします。

くれぐれも販売者の意見だけで投資をするのは避けてください。それがまさに〝失敗の法則〟の第一歩なのです。

個人投資家がプロ投資家よりも優位に立てるポイント

次に、私たち個人の投資家が、プロの投資家に対して優位に立てるポイントを考えてみたいと思います。ちなみに、プロ投資家というのは資産運用を〝業〟としている運用会社、投資顧問業者、投資家から預かったお金を運用する銀行や保険会社などの機関投資家のことを指しています。

かつては、個人投資家とプロ投資家の間には、かなりの情報格差がありました。

しかし、現在では、ＩＴの進展やインターネットの普及によって、個人でもさまざまなトレード用ソフトを使うことができ、投資に役立つ情報も簡単に入手できるようになりました。個人投資家でもプロ投資家と遜色のない情報を手に入れられるようになったのです。

個人投資家にとって、いまや投資手法や情報量にハンディはほとんどありません。むしろ、プロ投資家よりも有利なところがあります。**それは「時間を味方にできる」ところです。**

プロ投資家には必ず時間の〝制約〟があります。例えば、金融機関のディーラーであれば、どこかで損益を確定させ、必ず評価をしなければなりません。毎日必ずポジションを手仕舞ってから帰宅しなければならない人もいます。

また、法人の場合、決算期もしくは中間期に、その時点の運用の利益を確定させ、そのなかで実際の収益に関する情報を開示しなければなりません。そのためプロ投資家は常に、ある程度短期的な相場の動きと向き合いながら、そのなかで実績を上げていかなければならないのです。

対して、私たち個人投資家は、余裕資金や余剰資金で運用する場合、必ずしも1年、2年、3年といった期間に縛られることなく、自分自身の「目的」から導き出されてくる「運用可能期間（通常は数年単位、場合によっては10年以上）」で運用することが可能です。すなわちこれが、「時間を味方にできる」ということです。

積立投資のところでも記したように、投資では「時間」が非常に重要な意味を持っています。時間を味方につけることによって、その間の相場のさまざまな動きに対応できるような余裕が生まれます。

したがって、個人で投資をする場合は、ぜひ時間を味方にできるような投資手法をとることをお勧めします。それでこそ、個人投資家がプロの投資家に優位に投資や資産運用を行うことができるのです。

投資を〝科学〟すれば、成功の精度は高まる

投資家は、資産運用の「必勝法」を知りたがります。しかし、こうすれば絶対に

勝てるなどというものは資産運用の世界にありません（あると「思わせている」人たちはたくさんいますが……）。

しかし、投資をきちんと科学することによって「成功の精度」を高めることはできます。投資や資産運用は、ギャンブルとは違います。より正確にいうと、ギャンブルにするかどうかは、やり方次第です。過去のさまざまなデータや現在動いている相場の数値を把握することによって、「成功の精度」を高めていくことは可能なのです。

例えば、一括投資を行うときには、過去のデータをもとにリターンとリスクの関係を把握し、どのような金融商品に投資すべきかを〝マイルール〟に基づいて決定します。積立投資であれば、ボラティリティのある金融商品を活用することによって「時間分散効果」から成功の精度を高めていくことが十分に可能だといえます。

まず、自分自身の資産運用に、ひとつの方法論（考え方や方針）を明確に持ってください。そのうえで〝投資ルール〟をきちんと作ることによって、〝当たるも八卦〟のギャンブルではなく、ある程度、自分自身の目標に近い成果を獲得する確率を上げることが可能となります。

それを私は「投資を科学する」といっています。ぜひ、皆さんも「成功の精度」を高めて、資産運用に臨んでください。

SHORT STORY

あるトレーダー夫婦の資産運用

島崎夫妻は今日も朝早くから2人で仲良く外出した。この1カ月、毎週日曜日に2人でFXトレードの講座に通っているのだ。

今まで、投資にはほとんど縁のなかった夫の徹。しかし、妻めぐみの勧めもあって、35歳にして初めて投資の勉強を始めたのだった。

結婚7年目、最近は夫婦の共通の会話も少なくなっていたなか、2人にはこの勉強の時間がとても新鮮に感じられた。

徹「とにかくしっかり勉強して、将来のマイホームの購入を少しでも早めたいね」

めぐみ「そうね。FXなら、1年で投資資金が100倍になったという話もあるみたいだし。私はそこまで大きく望まないけど、10倍くらいにできたらうれしいなあ」

2カ月計8回の講座が無事終了すると、購入したFXのトレーディングソフトを駆使しながら、彼らの運用は始まった。

2007年初春、株式相場は乱高下する場面もあるが、為替は「安定的円安」のおかげで値動きも比較的穏やかだ。

最近は残業もできるだけしないようにしている。会社から帰宅すると、徹とめぐみは早々に食事を済ませ、すぐさまお互いのパソコンでトレーディングを開始した。

めぐみは、まずは円と米ドルの取引から開始した。徹は、会社の仕事先がヨーロッパにあることもあって、興味を持っていたユーロやポンドでの取引から始めた。

2人とも、最初はレバレッジをかけずに、おそるおそる取引を開始した。

徹「おおっ。ポンドの金利が高いから、毎日着実にスワップポイント（金利収入）が入ってくるんだね。それに、このところのポンド高で、為替差益でも結構儲かっているよ」

徹は少し興奮ぎみだ。

めぐみ「そうねぇ、こんなに簡単に金利収入があるなら、銀行に預金するのはばかばかしく思えちゃうわね。もっと早くＦＸを始めればよかった」

慎重に始めたのが功を奏したのか、大きな失敗もなく、２人ともご満悦の様子。そして早くも数か月が過ぎ、彼らの軍資金はあっという間に3倍にまで増えていた。

徹「いやあ、今日だけで10万円は稼いだかな。勝負どころだと思ったから、レバレッジを20倍にして取引したおかげだね」
めぐみ「あら、すごいじゃない！　でも今日は私の勝ちね。12万円だもの。今までの動きから見て間違いないと思って、40倍までレバレッジをかけたのがよかったわ。このままいけば、本当に年間10倍も夢じゃないみたい。とても手が出ないと思っていたあのマンションも買えちゃうかも！」

しかし、楽しい時間はそう長くは続かなかった。アメリカのサブプライム問題が顕在化して、一気に為替の大変動が起こったのである。

それまで安定的に続いていた〝円安〟が、あっという間に20円以上の円高へと振れてしまった。

ほとんどのFXトレーダーは、金利の安い円を売って金利の高い外貨で運用をしていたため、大混乱となった。

徹とめぐみもその例外ではなかった。取引の〝コツ〟をつかんだと思いこんでいた2人は、常にレバレッジを30～50倍にまで膨らませて取引を行っていたからである。

徹「大変だ……。なんでこんなに急激に円高に動くんだ？　証拠金不足で、強制的にロスカットされちゃったよ」

めぐみ「私も、このところレバレッジを高く設定していたから、資金がほとんどなくなってしまったわ。もうどうしたらいいの……」

2人がどれだけ悲痛な言葉を漏らしても、画面上のマイナスの数字は変わることはなかった。

それから、数カ月後。

徹「……ただいま」

めぐみ「おかえり……」

めぐみは夫の帰宅を待って食事の支度を始めたが、その手に力はない。ほとんど会話もなく食事を終えると、やけに騒がしいテレビのバラエティ番組にぼんやりと視線を向ける2人の姿があった。

2人はたったひと月の間に、これまで稼いだお金はもちろん、マンションの頭金として貯めていた軍資金の大半を失ってしまったのである。

その後、2人がトレードを再開することはなかった。

第3章

相場を張らない資産運用

マーケットを見通すことはできるのか？

この章では、マーケットの動きに対する資産運用の取り組み方について考えてみたいと思います。

まず、マーケットの将来を見通すことは、できるのでしょうか。

もちろん、大きなトレンドであれば、ある程度の将来の方向性を予想できるでしょう。相場には「上がった相場は必ず下がる」「下がった相場は必ず上がる」という大原則があり、それを繰り返しているからです。

ただし、反転のタイミングと繰り返しの期間を測ることは非常に困難です。私がいうまでもなく、マーケットを完全に見通すことはできません。マーケットは、さまざまな外的・内的要因の影響を受けますし、相場は人間心理の変化によるせめぎ合いの部分が大きいためです。

しかし、人はマーケットの予測をしたがるものです。テレビを見ていると、毎日のように著名なエコノミスト、経済評論家、経済学者の人たちがマーケットの予測をしています。特に年初は、テレビや新聞などで今年の株価や為替の予測が毎年行われています。しかし、年末には「年初の予測がどうだったか」を覚えている人はほとんどいないでしょう。

私は仕事柄、年初の予測の載った新聞記事などを見直したりすることがあります。実際にその記事を見返してみると、当たっていないことがほとんどです。経済や景気予測の専門家といわれる人たちでさえ、マーケットの動きを的確に当てることはまず不可能なのです。マーケットにはそれだけ変動要因が多く、予測が難しいという証明ではないかと思います。

それにも関わらず、多くの投資家が、世の中に出回っているさまざまなマーケット予測に時間とお金と労力を費やしています。その理由は「自分自身の今後の投資戦略を決めるため」「投資戦略の安心感を得るため」「失敗している投資が回復する望みを探るため」など、さまざまです。しかし、私の経験上、そのような予測や情報によって投資で勝てる可能性は非常に低いと思います。

もちろん、大局的に市場や経済を見るためには、さまざまな情報やその分析は必要です。しかし、それによって相場のタイミングを見極めることは、至難のわざなのです。

私は、自身の投資経験から、マーケット予測に基づく投資はほとんどやめました。しょせん自分には分からない部分が多いマーケットの予測に時間をかけるよりも、できるだけ確実と思える方法で資産運用をしたいと考えるようになったからです。

「マーケット予測をしなくてもいいような資産運用」つまり「相場がどう動いても対処できるような資産運用を考えればいい」――これが私の「答え」でした。

では、マーケットがどのように動いても、対応できる資産運用法とはどのようなものなのでしょうか。

マーケットに対応するには「中長期投資」が基本

第2章でも述べたように、個人投資家の強みは「時間」を味方にした中長期投資が可能なことです。

しかし、1年後の株価さえ読めないわけですから、10年後、20年後の株価がどうなるかなど誰にも分かるはずがありません。それでも、10年後、20年後の自分の生活は守らなければなりません。だからこそ、市場がどう動いても対処できるような資産運用をすることが重要なのです。

そのためには、やはり資産運用は中長期的な視点で臨むべきです。もちろん、短期での資産運用や投資を否定しているわけではありません。しかし、これまで述べてきたように、マーケットは短期間に大きく変動します。特に短期売買は「売り」か「買い」のどちらかに偏ってポジションを持つケースが多く、ポジションを持った瞬間に、損失の確率も高くなります。

勝ったときは大変気持ちのよいものですが、反面負けたときは精神的なダメージも大きいものです。ショートストーリーにも書いたとおり、場合によっては大切な資産を失い、将来のライフプランが狂ってしまうことにもなりかねません。もし短期売買をする場合は、前もって、しっかり〝マイルール〟を決めるとともに、投資資金も「いくらまで」と決めておくべきだと思います。

少し具体的に考えてみましょう。仮に１０００万円の運用資金があるとして、「２００万円は自分の投資の勉強も兼ねて、短期売買でハイリターンを目指す。しかし、残りの８００万円は将来の生活資金として、中長期投資を前提に、マーケットの影響を受けにくい資産運用をする」といった具合です。

そして、中長期で「将来マーケットがどうなっても対応できる資産運用」とは、将来、円高・円安、株高・株安、商品高・商品安、不動産高・不動産安など、さまざまな局面になったとしても、お互いに補完しあえる投資を行うことです。

また、資産運用を中長期で考えることによって、四六時中マーケットにはりつく必要のない〝ほったらかし投資〟も可能となります。

ほったらかし投資と分散投資

私が提唱する「将来マーケットがどうなっても対応できる資産運用」は、さまざまな投資対象（為替、株式、商品、不動産など）の値上がりや値下がりに影響を大きく受けないよう、幅広く投資をする「分散投資」です。

では、なぜ分散投資なのか、詳しくご説明しましょう。

仮に、日本でデフレ状態が継続するとすれば、商品の価格はあまり上がらないでしょう。また、金利水準も低く抑えられる可能性が高く、預貯金の利息も期待できません。しかし、それでも物価が安定しているため、ある程度の金融資産を持っている人は、なんとか生活していけるでしょう。

一方、昔ほどの高度成長はなくとも、物価上昇に伴って経済成長もしていくというシナリオの場合、資産を今のまま低金利の預貯金だけで持っていると、第1章で述べたように「お金の使用価値が減る」リスクが発生します。このリスクを回避し、お金の使用価値を維持するには、市場と連動するような投資商品（株式や株式投信など）に投資をしておく必要があります。

しかし、世界同時株安などになった場合、株式投資だけでは資産運用の目的を果たすことはできません。だからといって、債券投資を加えても、過去には株安と債券安が同時に起こるといった事態も起こりました。だからこそ、株式、債券だけでなく、不動産や商品など幅広く投資対象を考える必要があるわけです。

米国発のサブプライム危機で株式や不動産が大幅に下落しても、債券や商品市場にも投資をしていた人は、下げた資産の穴埋めをすることができました。もちろん、配分比率や騰落率にもよりますし、完全にカバーすることは難しいといえます。しかしながら、少なくとも株式だけで投資をしていた人に比べれば、はるかに損失を軽減させることができたのも事実です。

たとえ株式市場からマネーが流出したとしても、それは消えてなくなるわけではありません。行き場が変わるだけです。実体経済を上回る世界中のマネーは、常に安住の地を求め、増幅するために行き先を探しまわっています。

つまり、幅広く「分散投資」をしておくことによって、マネーがどの市場に流れていったとしても、向かった市場で保有資産が値上がりするような仕組みを作っておくことが重要なのです。**そうすれば、仮に自分の持っている株のポジションは値下がりしても、商品のポジションで利益が出るような「補完関係」を築くことができます。**

そして、この相場を張らない「分散投資」によって、市場にはりつく必要のない、ある意味〝ほったらかし〟にできる投資環境を構築できます。投資家は資産運用にかける時間を大幅に削減でき、仕事はもちろん、プライベートな時間を家族とすごしたり、趣味に費やしたり、自由な時間をより多く獲得できます。まさに「クオリティ・オブ・ライフ（生活の質。人間が人間らしく毎日をすごし、幸せを見出せるような生活）」が向上し、充実した生活を送れるのではないかと思うのです。

定期的に運用方針やマーケット動向の確認をして、1週間に1回、または1カ月に1回程度、運用状況の確認をすればよいでしょう。

こうした「相場を張らない」分散投資法を、私は〝ほったらかし投資法〟と呼んでいます。

長期分散投資には「通貨分散」が欠かせない

投資の世界では「長期分散投資」という言葉がよく使われます。

すでに述べたように、「長期投資」と「分散投資」を組み合わせることによって、時間を味方につけ、安定運用を目指すことができるとともに、投資対象を広げて、さまざまな運用商品を、リスクを下げながら組み入れることができます。

しかし、この考えは、株式や債券、不動産、商品といった資産の分散に限ったことではありません。実は、私が一番重視しているのは「通貨分散」です。

通貨分散とは、円以外に、世界の主要通貨である米ドルやユーロ、英ポンドなどにも分散して投資をする（保有する）ことを意味します。私が今までお会いしたファンドマネジャーの多くが「投資戦略を考えるときに最も重視するのが、通貨分散だ」と述べています。これは上記の「資産分散」に優先して、通貨の分散を考えるべきであるということです。

通貨分散を行うことによって、円高や円安といった資産運用での為替変動リスクへも対応が可能となります。また万が一、日本に財政危機があった場合には、円以外の通貨を持つ意義はとても大きいといえるでしょう。円という通貨で生活している私たち日本人にとって、通貨分散は最大の〝リスクヘッジ〟にもなるわけです。

このように幅広く分散投資をすることによって、予測不可能な遠い将来、インフレになってもデフレになっても、円高になっても円安になっても、株高になっても株安になっても「補完関係」を保ち、安定した運用が可能となります。

通貨分散と聞くと、難しく考えてしまう人もいるかもしれません。もっと簡単にいえば、例えば豪ドル建て、ユーロ建ての外貨で定期預金をしておくのも、ひとつの通貨分散です。特に、豪ドルの場合、日本よりも高い金利のため、確定利回りで高い利息を得ることもできます。

しかし、外貨投資というと、多くの人から「為替リスクはどうなのですか?」と質問されます。それでは、次に為替リスクについて考えてみましょう。

為替リスクとは

通貨分散のメリットは、ある程度理解していただけたかと思います。すると次に気になるのが「為替リスク」でしょう。

為替リスクとは、円から外貨に換えたときの為替レートと、それを円に戻すときのレートの差によって生まれる〝リスク〟のことをいいます。

一般に外貨を保有した場合、円安になれば外貨で多くの円を「買うことができる（交換できる）」ので、為替差益を生むことになります。反対に、円高が進むと外貨で受け取れる円が少なくなるため、為替差損が生じるわけです。

したがって、通常「為替リスク」とは、円高が進行したときに起こるリスクと考えられます。

しかし、為替リスクも、長期投資で低減させることが可能です。それは、日本よりも高い金利の通貨で運用することによる〝複利効果〟を考えると、よく分かります。

では、豪ドルとの関係で、具体的な事例を見てみましょう。

今、100万円を持っている人が、円と外貨で運用した場合を考えてみます。前提条件は、分かりやすくするために、1豪ドル＝80円、5年定期の金利が円0・1％、豪ドル4・5％とします。

円建てでは、5年間の複利で運用しても、金利が低いため、ほとんど利息は増えず、5年で約0・5％のリターンとなります。

対して、豪ドルは円に比べて金利が高く、しかも利息を複利運用することによって、約27・6％のリターンを得ることができます。

ここで問題となるのは、円高に振れたときの「為替リスク」です。

仮に、当初よりも15円（18・75％）の円高で、1豪ドル＝65円になったとき、どうしても「円転（円に戻すこと）」をしなければならなくなったとしましょう。

この場合、金利の高い通貨での複利運用によって、豪ドル建ての元本を増やすことができたため、円転しても、円建ての利回り約0・5％よりも高い、約3・7％の利回りを獲得することができます。

逆に、1豪ドル＝95円と、15円の円安になったとすると、円転によって約151・6万円を受け取れるのです。

では、一体このときの円と豪ドルの損益イーブンのレートはいくらなのでしょうか。

100・5万円（円建て確定受取額）を1万5954豪ドル（豪ドル建て確定

金利と為替リスク

<前提条件>

●1豪ドル＝80円のとき100万円（1万2500豪ドル）を運用
●円の金利は0.1％
●豪ドルの金利は4.5％

<円金利で5年運用のリターンは？>

金利0.1％で100万円を5年運用
→　約100.5万円に
　　約0.5％のリターン（円建て）

<豪ドル金利で5年運用のリターンは？>

金利4.5％で1万2500豪ドルを5年運用
→　約1万5954豪ドルに
　　約27.6％のリターン（豪ドル建て）

◎このとき15円の円高（１豪ドル＝65円）になっていたら？
→　約1万5954豪ドルを円転すると約103.7万円
　　それでも約3.7％のリターン（円建て）

◎このとき15円の円安（１豪ドル＝95円）になっていたら？
→　約1万5954豪ドルを円転すると約151.6万円
　　約51.6％のリターン（円建て）

<損益分岐の為替レートは？>
→　100.5万円（円建て確定受取額）
　　÷1万5954豪ドル（豪ドル建て確定受取額）
　　＝約63円

受取額）で割って、1豪ドル＝約63円ということが分かります。

このように、金利の高い通貨で長期投資をすると、複利効果によって、為替リスクを低減させることができるのです。もちろん、さらに高い金利や長い運用期間であれば、その効果は非常に大きなものとなります。

では、次に金利と運用期間の関係を、きちんと把握しておきたいと思います。そのヒントが、次に紹介する「72の法則」にあります。

複利運用と72の法則

金利と期間（時間）の関係を理解するのに、ぜひ知っておいてほしいのが「72の法則」です。72の法則とは「72」という数字を金利で割ると、その金利で複利運用した資産が2倍になるまでの、おおよその年数が分かるという数式です。

72÷金利＝資産が〝2倍〟になるまでのおよその年数

72の法則とは

●複利計算で元金が2倍になるおよその年数を簡単に計算できる。

72 ÷ 金利（%）＝ 年数

例）72 ÷ 7% ＝ 約10年
→ 7%で複利運用できれば、10年で資産は倍になる

●また、元金を2倍にする金利を出すことも可能。

72 ÷ 年数 ＝ 必要な利回り（%）

例）72 ÷ 20年＝約3.6%
→ 20年で資産を倍にするには、3.6%の利回りが必要

例えば、仮に1%で複利運用したとすると、その資産が2倍になるまでの年数は、72÷1%＝72。つまり、約72年かかるということです。

言い換えれば、生まれたばかりの赤ちゃんのために100万円を預けたとしても、金利1%のままなら、2倍の200万円になるのは、その子が72歳になったとき、ということです。この例からも、金利1%の複利効果の低さを理解していただけるのではないかと思います。

２０１１年1月現在、日本の銀行の10年定期預金は、さらに低金利で０・２％程度です。預けた金額が2倍になるには、およそ３６０年（＝72÷０・２％）もかかります。これでは、安定した資産運用は困難です。

やはり、金利の高い通貨で運用することも選択肢に入れる必要があるといえるのではないでしょうか。例えば、オーストラリアの政策金利は２０１１年1月現在、４・７５％です。すると、仮に豪ドルで４・７５％の金融商品を買えば、約15年（＝72÷４・７５％）で資産が2倍になります。したがって、為替リスクは当然あっても、前述したような高い〝複利効果〟によって、それを上回る金利収入が十分に見込めるわけです。

皆さんは、資産が16年後に豪ドル建てで2倍になっているのと、３６０年後に円で2倍になるのと、どちらを選ぶでしょうか。今まさに、日本の個人投資家は、そのような選択をせまられているのです。

SHORT STORY

匠の資産運用

「ただいま。いやー、今日もけっこう忙しかったなぁ」

泉一雄45歳。一級建築士として働いている。いわゆる〝匠〟の一人だ。

もともとは大手ゼネコンで働いていたが、自分自身で納得のいく設計がしたいと思い立ち、15年前に独立して設計事務所を開いた。

当初は苦労したが、その真剣な仕事ぶりと品質にこだわる姿勢から、客が客を呼び、今ではスタッフを10人抱える中堅の事務所にまで成長した。仕事も順調で、顧客からの信頼も厚く、〝やりがい〟を感じながら毎日を過ごしている。

家族は8年前に結婚した妻キャシーと7歳の愛娘らら、そして愛犬のチワワのティアラの4人。彼の今一番の幸せは、仕事が終わってからの家族団らんである。

らら「パパ！　日曜日の運動会はきてくれるよね？」
一雄「もちろんだよ。ららが毎日かけっこの練習してるのも知ってるし、本番で走っている姿を見たいからな」
キャシー「そうそう。パパはママといるよりも、ららといるほうが楽しいみたいだから、大丈夫よ」
一雄「なにいってるんだよ。日曜はティアラもつれて、家族全員で応援に行くんだからね」

絵に書いたような幸せを手にした一雄であったが、心配事がないわけではなかった。

というのも、どんなに名前が売れても、建築士の仕事は「動いてナンボ」。仕事にやりがいを感じていても、「万が一、おれが倒れたら家族はどうなるんだろうか」「退職金もない仕事だから、老後のことも考えないといけない」という悩みが常に頭をよぎるのだ。

当初はどうすればよいか分からず、行動も起こさなかった。しかし、あるとき意を決して投資顧問会社の門をたたいた。

「自分は建築については誰にも負けない自信がある。でも、お金の運用はよく分からない。やはりお金の運用は専門家に相談してみよう」

そして、彼が選んだのは、自分の老後までを考えた「長期海外分散投資法」であった。

そして3年後。

「ふう、今日も無事終わったな」

家族との団らんのあと、一雄は一人書斎で明日の仕事の準備を終え、ひと息つく。

「あ、今日はちょっと見てみようかな」

おもむろにパソコンの電源を入れ直す。

「んー、先月よりもちょっと下がったけど、それでも今年はまだ年利7％は出ているかな」

そして10分ほど数字を確認してから、眠りについたのだった。

彼が見ていたのは、彼のために作られたオリジナル「ポートフォリオ」の運用状況だ。あらかじめ、プロにプランを作ってもらっているので、一雄は気が向いたときにチェックをするだけ。

この3年の平均利回りはおよそ8％。来年、車の買い替えを検討できるほどには安定している。まずまずの水準と本人も満足している。


「うーん、昨日もよく寝たな。さあ、今日もがんばるか！」

そして翌朝、〝匠〟は、元気に仕事に出かけるのであった。

第4章

海外分散投資はなぜ有効なのか

海外分散投資のメリットとは

ここではまず「海外分散投資は本当にメリットがあるのか」について考えてみたいと思います。

本書で述べている「海外分散投資」とは、業界で一般的に使用されている「国際分散投資」と、ほぼ同義語と思っていただいて構いません。**ただ、私は「通貨分散（保有）」を前提とした国際分散投資のことを、あえて「海外分散投資」と呼んでいます。**

日本国内で、一般によく見られる国際分散投資とは、証券会社をはじめとした金融機関が、「円」から国内外の株式や債券などを投資信託にして販売しているようなケースです。一方、海外分散投資とは「日本国内で投資できるものに限定せず、世界中の金融商品、場合によってはヘッジファンドなどに、外貨で直接投資を行う」といった考え方です。

世界中のさまざまな資産に分散投資をすることによって、現在のように変動性の高い相場環境でも、それぞれのアセットが別々の値動きをする「補完関係」によって大きな下落を防ぎ、確実な資産形成を目指します。特に、海外ファンドなどを用いた海外分散投資の場合、短期的に運用結果を求めるのでなく、中長期で資産形成を目指すことが主眼となります。

先ほど述べたように、最近では、さまざまな金融機関が国際分散型の投資信託を販売するようになり、やっと日本でもスタンダードな投資手法として認知されるようになってきました。

しかし、日本の金融機関が提供する「国際分散投資」に問題がないわけではありません。というのも、重要なのは、その中身だからです。

日本における国際分散投資の実際

日本の金融機関が提供する国際分散型の投資信託を実際に金融機関のいうとおりに購入した場合、果たしてどのような結果が出ているのでしょうか。

実際に、国際分散投資をうたっているさまざまな投資信託の実績を見てみると、残念ながら、芳しい成績を出せていないものが数多く見受けられます。というのも、分散投資という考え方は総論として正しくても、運用結果はやはり、中身にどのような金融商品を組み入れているかによって左右されるからです。

したがって、投資家がこのような金融商品への投資を検討する場合は、パンフレットなどに掲載されている総論（考え方）だけではなく、各論として「実際にその中身がどのようなもので構成されているのか」「どのくらいの運用期間で、具体的にどのような結果を出しているのか」といった点を、しっかり把握していただきたいと思います。

そのときチェックする項目は、いろいろとあります。

まずは、なんといっても「過去の実績」でしょう。先方がすぐに教えてくれるのはその商品の「リターン（年平均利回り）」です。パンフレットに「年間収益率10％」などと表記されていると思います。

そこで、必ず確認してほしいのは「その期間が何年か？」です。1年間では10％であっても、3年平均では5％、そして5年平均ではマイナス2％かもしれません。

また、日本の投資信託は、次から次へと新しい商品が出てくるので、運用期間は比較的短いものが多いといえます。

したがって、まずは可能な限りなるべく長い期間での平均利回りを確認しましょう。そのうえで、相場環境が変わりやすい時代ですから、直近1年間の利回りも合わせて確認しておくとよいでしょう。

次に確認してほしい項目は、いうまでもなく、リスクを測る〝ものさし〟である「標準偏差」です。また、標準偏差だけでなく「シャープレシオ」を公表している場合もあります。シャープレシオについては次章で詳しく紹介しますが、おおまかにいえば、リスクに見合ったリターンがあるのかどうかを見る指標といえます。

日本の投資信託のパンフレットには、標準偏差やシャープレシオを掲載していないものもたくさんあります。その最大の理由は「芳しくない結果」となっているからです。私が常日ごろ確認している範囲では、日本の投資信託のなかでリターンが標準偏差を上回っているものは、数少ないのが現状です。いわゆるシャープレシオが〝1〟を超えている商品が非常に少ないということです。

これは、金融機関があまり見せたがらない情報です。しかし、金融商品を購入するときは、こうした情報を見せてもらう習慣をつけることが大切です。

もし、パンフレットに標準偏差やシャープレシオが掲載されていなかったら、あるいは、そうした説明を受けなかったら、必ず「この投資信託の標準偏差とシャープレシオを教えてもらえますか？」と聞くようにしてください。

万が一「それはなんですか？」というような対応が返ってきたら、迷わず、その場をすぐに立ち去ることです。あるいは「いやあ、それはちょっと分からないですね～」などと、はぐらかしたり、調べるそぶりもなかったりすれば、その金融機関を窓口にするのは避けたほうがよいでしょう。

これはぜひとも実践していただきたいと思います。

本当の「海外分散投資」を実践するために

それでは、本当の意味での海外分散投資をこれから実践していくには、どうしたらいいのでしょうか。

先ほど述べたとおり、私が提唱するのは、まず「通貨分散」という考え方です。

せっかく世界中のさまざまな金融商品に分散投資をしたとしても、それがすべて「円」に帰属するような方法で行われていては、本来その通貨が持っている金利の高さなどのメリットを享受することができません。また、日本の財政破たんが表面化した場合、前述の「預金封鎖」によって国内財産を凍結されてしまう可能性もまったくゼロではないからです。

私が提唱する本来の意味での海外分散投資とは、日本国内にこだわらず、世界中をひとつの投資先という概念を持って、外貨でさまざまな国の資産に分散投資することです。これを日本で実践されている方はまだまだ少ないのが現状です。

しかし、インフレなどによって自国通貨が不安定な国の人たちにとっては、自国通貨よりも基軸通貨である米ドルなどで保全、運用をして「通貨の使用価値」を維持することは、けっして珍しい話ではありません。それは逆にいえば「自分の住んでいる国になにが起こったとしても（たとえ自国通貨の価値が下がったとしても）

自分や家族の生活は、なにがなんでも守る」という〝強い意志〟の表れといえます。

幸い、私たちは私有財産制をとっている日本に暮らしています。今のところは、突然、国家が不合理に私たちの財産を奪いとるようなことはありません。

しかし、なんの危機感もなく、ただ暮らしているだけでは、今まで放置され続けてきた財政赤字など〝国のツケ〟を負担させられる可能性が高まってきました。事実、税金や社会保険料の負担増は、確実にやってきます。

突然、財産を奪われるようなことはなくても、自分たちの財産を強制的にお上に吸い上げられるような事態が絶対に起こらないとは、誰も断定することはできません。だからこそ「自分の財産は、なにがあっても自分の手で守る」といった〝強い意志〟が必要といえるのです。

外貨による「海外分散投資」は、単にひとつの投資手法と考えるだけでなく、将来の生活を確実に守るための手段のひとつという認識を持っていただきたいと思います。

為替リスクをなくすにはどうすればよいのか

実際に海外の商品を購入するときに、投資家が一番気にするのは「為替リスク」です。ここでは、この為替リスクを一体どのようにとらえればいいか、そしてこの為替リスクをなくすにはどうしたらいいか、について考えてみたいと思います。

現在の日本の金利水準を考えると、日本よりはるかに金利が高い国や通貨があります。また、外貨建ての運用商品には円建てのものに比べて利回りのよいものが多く存在します。

そのため、第3章では、金利や利回りの高い通貨で、中長期に運用することによって「為替差損」に十分対応できる「複利収益」を得られる可能性があるとお話しました。この点については、前章で解説した「72の法則」も思い出していただきたいと思います。

ただ、どんなに運用利回りが良くても、完全に為替リスクを解消することは不可能です（逆にいえば「為替差益」を得られる可能性もあるということですが）。

では、この為替リスクをなくすには、一体どうすればよいのでしょうか。

それは、為替リスクが発生するような取引をしないということです。つまり、一度保有した外貨を円転しないで、そのまま保有し続ければいいのです。そうすれば、外貨にした時点との「為替差損益」を考える必要はありません。そして、高額な為替手数料を支払う必要もないのです。

「外貨のまま持つ」というと、違和感のある方もいらっしゃるかもしれません。

しかし日本人が、円の資産に対して為替リスクを感じることがあるでしょうか。日々の生活のなかで、為替は刻々と変動しています。しかし、それを常に意識しながら生活している人は、ほとんどいないでしょう。

私たちが円安や円高を感じるのは、さきのサブプライム問題などの影響で、原油などの輸入品が高騰してガソリン代が上昇したときや、海外旅行に行って買い物をするときがほとんどです。そう、一般生活者が、その国の為替の変化をあまり感じないのは、最終消費財やサービスには、すぐに影響が表れにくいからです。

同じように、アメリカ人が米ドル通貨や資産を持って、米ドルの為替リスクを感じることはほとんどないでしょう。フランス人も、ユーロ建て資産で、ユーロの為替リスクを感じることはほとんどないはずです。

それは、生活のなかで、その通貨を直接使用しているからです。実際は、どんな通貨を使っていようと、私たちの生活はさまざまな為替の影響を受けています。しかし、生活資金として使っている通貨に対しては、為替リスクを感じない人がほとんどなのです。

そう考えると、もし円以外の通貨を持っていても、それが日常生活のなかで使えるお金、つまり「使用価値」のあるお金であれば、実は為替に関してそれほど気にする必要はないのではないでしょうか。

私たちは普段、銀行にお金を預けています。しかし、そのお金は金庫の中にずっと置かれているわけではありません。銀行は世界中でさまざまな運用をしていきます。皆さんが預けたお金は、もしかしたら米ドルに交換され運用されているかもしれません。中東や南米に投資されているかもしれません。

このように世界中に投資されているお金も、いざ自分が使いたいときになれば、銀行に行ってお金として使える状態で引き出すことができます。それは、銀行が、さまざまな国の通貨を保有していても、常に使える状態を保っているからです。**つまり、お金は「使えればよい」のです。**

ここまでお話しすると、ほとんどの人から、次のような質問を受けます。

「たしかに大量の資金を扱っている銀行はそうかもしれない。しかし、同じように個人投資家が複数の通貨を持っていても、すぐには使えないのでは？」

逆に考えてみましょう。皆さんは買い物をするときに、どのような方法でお金を支払うでしょうか。

「もちろん現金で」という方もいらっしゃると思いますが、最近、特に増えているのが、クレジットカードでの支払いです。「高額な現金を持ち歩かずに済む」「引き落としまで時間があるため、給与前でも買い物ができる」「買った金額に応じて、ポイントがもらえる」など、利用者のメリットも多く、クレジットカードの利用率は上昇しています。

また、海外に旅行に行ったときに、クレジットカードを使えることもご存知だと思います。多くの国で、ＶＩＳＡやマスターの加盟店であれば、私たちの持っている円建てのクレジットカードをそのまま使うことができます。そのときの為替レートでカード会社が計算し、円口座から引き落としになるはずです。

つまり、皆さんは円しか持っていなくても、外国でその通貨を使うことができるということです。逆に、日本に来ている観光客の人たちは、クレジットカードで買い物をすれば、自国の通貨で口座から引き落としをしてくれます。

では、このことを前提に、複数の通貨を使う方法を具体的に考えてみましょう。皆さんが、例えば円以外に米ドル、ユーロの通貨を持っており、それぞれの通貨建ての銀行口座を持っていたとしましょう（つまり米ドル口座、ユーロ口座です）。

実際に、円以外の通貨を使用するときのイメージをしてみましょう。まず、外貨預金口座を持ち、その銀行が発行するクレジットカードやデビットカードを持ちます。前述のように、ＶＩＳＡやマスターなどの加盟店なら世界中にあります。皆さんは、そうした世界中のお店で、そのカードを使うことができるわけです。

アメリカに行ったときは、米ドル建てのクレジットカード、フランスに行ったときは、ユーロ建てのクレジットカードを使えば、為替手数料を取られることもなく、その国の通貨で買い物ができます。

さらに、こんな使い方もできます。日本で10万円のブランド品のバッグを買ったとします。もちろん、現金や円建てのクレジットカードで買えば、10万円は当然10万円です。しかし、ここで米ドル建てのクレジットカードを使ったらどうでしょうか。

円を米ドルに交換したときの為替レートが１米ドル＝１００円で、買い物をした日のレートが１米ドル＝１２５円だったとします。

ドル建てで支払うと、10万円÷１２５円＝８００ドルです。しかし、保有している米ドルは、１米ドル＝１００円のときに換えたものです。したがって、実際の円建ての出費としては、８００ドル×１００円＝８万円でバッグを買ったことになります。つまり、米ドルのクレジットカードを使っただけで、20％も安くバッグを買えたわけです。

このように、複数の通貨のクレジットカードを持つことによって、通貨を「使用」

できるだけでなく、為替リスクどころか非常に大きなメリットを得られる可能も生まれるのです。

ぜひ一度、外貨を保有するメリットについて考えてみてください。

「ホーム・カントリー・バイアス」とは

日本人は、日本企業の株式や債券を購入する割合が多いといえます。しかしながら果たして、それで本当によいのでしょうか。

昔から国際分散投資という考え方のなかに「世界の株式」「日本の株式」「世界の債券」「日本の債券」に4分割して投資するという非常にポピュラーな国際分散投資の考え方があります。

証券会社の新聞広告でも「そうした組み合わせでポートフォリオを組んで運用することによって、国際分散投資ができます」という説明をよく目にしました。その下には、過去数十年における株式や債券市場の動き、それに対する預金金利の推移などのグラフが載っていて、株式や債券に分散投資をすると、いかに預金金利を上回るか、リターンを大きく得られるかということを宣伝として使っていたようなものが多かったと思います。

しかし、２００８年に世界同時株安、債券安が起きたことなどもあって、残念ながら、上記のセオリーはもはや通用しないことが明らかになってきました。ですから、読者の皆さんには、本来の意味での海外分散投資をぜひ行っていただきたいのです。

重要なのは「どのような分野や資産に配分するか」ということです。これがいわゆるアセットアロケーションという考え方です。

例えば、世界株式に25％、日本株式25％、日本債券25％、世界債券25％というように配分したとします。合計すると日本に50％投資するような配分比率です。皆さんに考えていただきたいのは、果たしてこれが正しいのかどうかということです。

繰り返しになりますが、海外分散投資は、世界のさまざまな金融商品に分散投資を行うことによって、どこかがマイナスのときにもどこかが成長し、互いに補い合って全体を押し上げていくという考え方です。

今回の例では日本に対して50％の配分をしています。この配分が正しい海外分散投資かどうかは、実際に日本の株や債券の比率が世界の中で50％を占めているのかどうかを考える必要があります。

リーマンショック前の２００７年末、このとき世界の主要株式市場の時価総額は合計で60兆１０００億ドルでした。では、そのなかに占める日本の株式市場の規模は、一体どのぐらいだったでしょうか。

日本最大の東京証券取引所の市場規模は、なんとか世界第2位をキープする４兆４０００億ドルでした。世界全体の約7％にあたります。ダントツで世界一だったのがニューヨーク証券取引所で、15兆３０００億ドル（約25％）という規模でした（残念ながら、その後こちらもかなり下げています）。地域別シェアでみると、日本は全世界の９％で、北米が45％、欧州地域が35％、新興地域が11％です。

では、実際に日本の景気が絶頂期にあった１９８９年末の世界の時価総額のシェアはどうだったでしょうか。このころは、日本が一番元気で、世界全体のなんと約

40％を占めていたのです。次が北米で34％、欧州が25％、新興地域が1％でした。

つまり２００７年は、まさに様変わりの状態となっていたわけです。

ところが、個人投資家に限らず、一般的な日本の年金の株式運用比率は、６～７割が国内株、残りの３～４割が外国株式という配分でした。それが投資効率上、合理的でないことは明らかです。

しかし、これは日本国内だけの傾向ではなく、世界中のマーケットで同じような傾向が見られます。自国の通貨で投資しやすいという人間の心理も働くため、自国の株式市場を通じ、自国企業に対する投資比率が高くなってしまうのです。**このように、自国のマーケットへの投資配分が多くなりやすいことを「ホーム・カントリー・バイアス」と呼びます。**

自国の繁栄を願う想いも「ホーム・カントリー・バイアス」を生みます。その想い自体は、けっして悪いわけではありません。しかし、自分の資産を守る投資というスタンスから見ると、合理的な投資配分ではないのです。

もし、皆さんが合理的に海外分散投資で運用したいということであれば、日本に偏っている投資比率を見直し、世界の株式市況や成長性のあるマーケットがどこにあるのかを見ながら、アセットアロケーションを考える必要があるでしょう。

海外分散投資の選択肢

次に、海外分散投資のさまざまな取り組み方をご紹介したいと思います。海外分散投資とは、日本に限らず、世界中のあらゆる金融商品や通貨に投資することです。投資信託や海外ファンドを買うだけが海外分散投資ではありません。

では、具体的にみていきましょう。

◆外貨預金をする

外貨預金は、海外投資を行ううえで、最も一般的な方法のひとつです。これには、2つの方法が考えられます。

ひとつは、日本国内の金融機関に外貨預金口座を持つ方法です。多くの日本人は、この方法で口座を開設しています。もうひとつは、日本国外の金融機関に直接、外貨預金口座を開く方法です。

一見、同じことのようですが、実は外貨預金口座を日本国内に持つのと日本国外に持つのでは、その意味が大きく違います。まず目に見える違いとして、国内の金融機関よりも、海外の外貨預金のほうが、概して金利が高いことが挙げられます。

そして、最大のポイントは、万が一、日本が財政破たんによって預金封鎖など国内の金融資産を凍結した場合に発揮されます。海外の口座にあるお金であれば、日本の管轄外であるため、国にコントロールされることなく、自分自身で管理することができます。**このようなことを心配される方は、国外の金融機関に直接預金口座を開くことを検討してみるとよいでしょう。**

◆外国債券を買う

「債券＝元本保証」と考えて外国債券の購入をする人は多いようです。昔から人気の豪ドル建てだけでなく、ブラジルレアル建てや南アフリカランド建てなど、いわゆる新興市場の高金利通貨の債券も販売されています。

しかし、金利の高い国、特に新興国はインフレが起こりやすいため、金利を上回る物価上昇があった場合、最終的に通貨価値がそれだけ下がってしまうので気をつけなければなりません。

また、2001年にはアルゼンチンが国債の償還を100％行えなかった、いわゆるデフォルト（債務不履行）が起きました。新興国ではそうした事態も起こる可能性があります。

したがって、ただ単に金利が高いという理由だけで、債券投資を行うことは実は危険なのです。「債券＝元本保証＝安全」という等式どおりにはならないことを、理解しておかなければなりません。

◆外国株式に投資する

近年は、いわゆるネット証券会社を介して、手軽に外国株式への投資もできるようになりました。

２００６年から7年にかけて絶好調だった中国株などが、その代表例でしょう。しかし、リーマンショック後は、上海総合株価指数はピーク時の３分の１程度まで下落しました。

新興国の株式市場は概してボラティリティ（価格変動性）の高いマーケットです。もし新興国に株式投資をするのであれば、こうしたリスクを理解し、現地の情報も入手したうえで取り組む必要があります。

◆海外不動産に投資する

海外不動産投資の情報も最近はいろいろと出回っています。開発途上の不動産を購入して、キャピタルゲイン（値上がり益）を得るといった投資系ファンドの紹介も、たまに見かけます。

しかし、ファンドが投資対象とする国の多くは、これから開発していくような地域がほとんどです。たしかに将来性はあるかもしれませんが、現地の法律や物価水準、不動産市況や取引慣習など、その国の実情に関して、ある程度の知識や情報がなければ、海外不動産投資はお勧めできません。

その昔、日本でも「原野商法」という悪徳商法がありました。実際には人がとても住めないような原野を、リゾート開発や高速道路建設の計画などを持ち出して、実状を知らない都市部や遠くに住んでいる人たちに値上がりを期待させて売りつけるというものです。それと同じようなことが海外でも起こり得ます。よく注意してください。

もし投資をする場合は、過去の実績がきちんと確認でき、その国の実情がある程度分かるものに限定したほうがよいでしょう。また、高額な取引であれば、最低でも現地に足を運んで、自らの目で確かめるくらいのことはすべきです。

◆海外ファンドを用いた海外分散投資

私は海外ファンドを用いた海外分散投資を推奨しています。基本的には、日本の投資信託と同じように、運用自体はプロである運用会社に委託し、自分自身のお金を効率的に殖やしていく方法です。

ただし、海外ファンドといっても玉石混交です。また、ファンドをかたった詐欺事件も後を絶ちません。

したがって、まずはきちんと国際証券コードを取得しているファンドや、格付けをもっている運用会社のファンドに投資をすることが大原則となります。もちろん、必要に応じて、専門のアドバイザーに相談しながら投資することも検討すべきです。

それでは、続いて海外ファンドについて、さらに詳しく解説していきましょう。

海外ファンドとはなにか？

海外ファンドとは単に「外国の会社が運用しているファンド」とか「外国人がファンドマネジャーをやっているファンド」という意味ではありません。海外、つまり「日本国外に籍のあるファンド」のことを指します。ファンドマネジャーが日本人であったとしても、日本国外に籍があれば海外ファンドなのです。

そして、その代表的なものが「オフショアファンド」といわれるものです。「オフショア」とは、所得税や法人税といった収入にかかる税金を免除、または軽減している地域を指します。

また、オフショアは「タックスヘイブン」とも呼ばれます。タックスヘイブンとは「租税回避地」という意味です。

現在、オフショアと呼ばれる国や地域は、世界中に50以上あるといわれています。その多くは小さな国や島で、ルクセンブルクやバミューダ諸島、ケイマン諸島、マン島、バージン諸島などがよく知られています。小さな国や島は、収入を得る手段が非常に限られているため、こうした金融特区のような税制優遇措置を提供することによって、多くの資金を国内に集めているのです。

税制上のメリットがある「オフショア金融システム」

次に、古くからある、このオフショア地域の「金融システム」の特徴について説明したいと思います。

多くのオフショア地域では、国外所得に対する法人税や所得税が非課税です。つまり、それぞれの国や地域の「内」で発生した所得に対しては所得税や法人税を支払う必要がありますが、「外」で発生した収益に対してはそのような税金を課さないという税制です。

資産運用を目的にファンドを設立した場合、その国や地域の「内」で収益を上げるのではなく、実際には国外・地域外にあるさまざまな市場で運用を行って利益を上げます。つまり、そのファンドに入ってくる収益はすべて、その国や地域以外からの収益であり、したがって設立した国や地域で税金を支払う必要がないというわけです。

また、オフショア地域では、運用会社に源泉徴収などの義務もないため、そのファンドに投資している投資家も、運用の途中で税金を源泉徴収されることがありません。

一方、日本国内で設立したファンドの場合、毎年決算を行い、利益が出れば税金を支払わなければなりません。**したがって、運用利回りが全く同じ金融商品であったとしても、途中で課税されないオフショア地域のほうが、最終的な複利運用効果は高くなるというメリットがあります。**

海外ファンドのメリットデメリット

まず、海外ファンドのメリットについて考えてみましょう。

第一に挙げられるのは、前述した「オフショア地域で設立したファンドは、運用途中で課税されないため、最終的な複利運用効果が高まる」という点です。

第二に、同地域では税制だけでなくさまざまな規制も緩やかなため、多種多様な金融商品を作りだしやすい環境であることです。したがって、世界中の優良なファンド、運用会社が籍を置いて運用を競い合っています。これは、投資家側からみれば、優良なファンドが豊富にあり、選択肢も広がるというメリットがあります。

第三に、同地域では商品の組み立てにかかる組成コストや運用するコストが非常に安いことです。そのため、オフショア地域のファンドには「ノーロード」といって、販売時の手数料を取らないものもたくさんあります。

逆にデメリットもきちんと整理しておきましょう。

第一に挙げられるのは、投資家への情報開示が少ないということです。運用側にとって規制が少ないということは、開示すべき情報も少なくて済むということであり、そのため投資家の知りたい情報が見えてこないこともあります。したがって、そのファンドの実績や運用会社の格付け、資産規模など定量的、定性的な分析が必要となります。

第二に、情報量が少なく、情報の入手方法が簡単ではないことです。日本国内で販売されていない海外ファンドの場合、国内で正確な情報の入手は難しいため、海外ファンドに関する正しい情報入手先を確保する必要があります。

第三に、多くの海外ファンドの開示情報がすべて英文で表記されていることです。したがって、英語に自信のない方は、なかなか投資に踏み出すことができないのも事実です。

このように、海外ファンドにはメリットもデメリットもあります。ただ、ひとついえるのは、世界には日本よりもはるかに多くのファンドがあるということです。そして、パフォーマンス（過去の実績）が日本の投資信託をはるかに凌駕するものもたくさんあります。だからこそ、個人的には、そのような優良ファンドを用いた「海外分散投資」を、ぜひ検討すべきだと考えるのです。

基本的に、海外ファンド投資は個人投資家が直接運用会社と契約します。ですから、上記のデメリットをきちんとクリアするためにも、信頼の置けるアドバイザーに相談し、支援してもらうことをお勧めします。

海外ファンド投資の留意点

この章の最後に、海外ファンドに投資するときの留意点をお話ししたいと思います。前述のように、海外ファンドは総じて情報量が非常に少ないために、なかにはいわゆる「まがいもの」や実態のない詐欺に近い商品なども紛れ込んでいます。立派なパンフレットをつくったり、一流ホテルで説明会を開いたりして、見かけは素晴らしいＰＲをしていても、フタをあけてみたら全く実体のない詐欺ファンドだった……という例も、過去に何件かありました。

したがって「海外だから」もしくは「日本にはないすばらしいものだから」ということだけをことさらにうたったような投資商品には、くれぐれも気をつけてください。特に日本人の場合、「海外」という言葉や、立派な見かけにだまされやすい傾向があるように思います。

大切なのは「その運用会社の実体」「社の格付けや歴史」「その運用商品の過去のパフォーマンス」をしっかり見極めることです。**そして、なによりも大事なことは、投資された資金が、きちんと「分別管理」をされているかどうかです。**通常、日本の投資信託やきちんとした海外ファンドでは、顧客である投資家から預かった運用資金をファンド運用会社の資産と明確に区別して保管しています。

したがって、ファンド運用会社自身が、その「お金」を預かって運用しているようなファンドは絶対に避けていただきたいと思います。

COLUMN

オルタナティブってなに？

最近「オルタナティブ投資」という言葉をよく耳にします。「Alternative（オルタナティブ）」という単語を辞書で引くと「代替的」という意味が出てきます。では、投資の世界でいう「代替的」とは、どのような意味なのでしょうか。

従来からの投資対象として代表的なものが、株式や債券です。これらに投資することを「伝統的（トラディショナル）投資」と呼びます。このトラディショナルに代わる投資対象という意味で「オルタナティブ投資」という言葉が使われています。

具体的には、不動産ファンドやＲＥＩＴ（不動産投資信託）などもオルタナティブ投資のひとつです。また、商品市場を対象にした商品ファンド、さらに第5章で詳しく解説するヘッジファンドなどもそうです。

そしてオルタナティブ投資を行うファンドを「オルタナティブファンド」と呼びます。特に、サブプライム問題に端を発した金融マーケットの大変動をみていると、従来の株式や債券だけではなく、これらオルタナティブを含めて「分散投資」を行っていく必要性を強く感じます。

そうしなければ、21世紀の複雑化した金融マーケットのなかで、安定した運用結果を残していくことは難しいと考えるからです。その意味からも、これからはオルタナティブ投資に対する理解を深めることが大変重要ではないかと思います。

第５章

実践！
海外ファンドで
資産形成

ミューチュアルファンドとは

一口に海外ファンドといっても、いくつかのタイプに分類することができます。なかでも日本の投資信託と同じような仕組みを持ったファンドのことを「ミューチュアルファンド」と呼んでいます。

ミューチュアルファンドとは、株式や債券などトラディショナルな投資対象を購入し、値上がりを待ち、資産を殖やしていくタイプのファンドのことです。長い歴史を持つ運用手法で、かなり大きな資産規模になっているものもあります。

しかし「買って値上がりを待つ」タイプの運用方法であるため、世界金融危機のように、マーケットに大きな変動があった場合は、残念ながら一時的に大きく値を下げてしまう可能性があるのも事実です。

多くのミューチュアルファンドには「ベンチマーク」と呼ばれる「比較基準」があります。例えば、日本株を投資対象としたファンドであれば、日経平均やＴＯＰＩＸといった株価指数をベンチマークとし、そのファンドの成績がベンチマークの成績に比べてどれだけ良かったかをひとつの評価基準とする考え方です。

これはたとえ、ファンドの成績がマイナスであったとしても、ベンチマークのマイナスよりも、どれだけ下落を抑えられたかで評価されます。例えば、日経平均がマイナス10％下げたとき、ファンドがマイナス5％の下落で食い止められたのであれば「優秀」となるわけです。

しかしながら、投資家側からみれば、マイナスにするために投資を行っているわけではないので、今ひとつしっくりいかない説明です。

いずれにしても、ミューチュアルファンドや日本の投資信託を購入する場合は、この「ベンチマーク」との関係もよく見ておく必要があります。

多彩な形態があるオルタナティブファンド

「オルタナティブ」という言葉は、第4章で説明したように「代替的」という意味です。具体的には、商品ファンドや不動産ファンド、後述するヘッジファンド、日本ではREITなども、この「オルタナティブファンド」に含まれます。

では次に、それぞれの特徴について見ていきましょう。

◆商品ファンド

商品市場を対象としたファンドは、大きく2つのタイプに分けることができます。

ひとつ目は、商品指数連動型ファンドです。「商品インデックスファンド」とも呼ばれ、商品市場のインデックス（指数）に連動することを目指すタイプです。

前述のように商品先物市場は、株式市場よりもはるかに小さな市場です。そのため、株式市場から〝マネー〟の一部が商品市場に流入しただけで商品価格が急騰することもあれば、こうしたマネーが撤退することで急落することもありえます。このため昨今の商品インデックスは、大きくブレやすい傾向となっています。

また、商品指数にはいくつかの種類があり、どの指数を用いているかによって、組み込まれている商品群や配分比率が異なります（例えば、穀物の先物中心であったり、鉱物先物の比率が高かったりなど）。投資する場合には、どの商品カテゴリーへの配分比率が高いのかなど、必ず確認してください。

そして、もうひとつのタイプは、商品先物ファンドです。

先物とは、デリバティブ（金融派生商品）の一種で「将来の一定期日に、今の時点で取り決めた価格で、一定商品を受け渡す契約をする」という取引です。

しかも受渡期日までに反対売買をする（買ったものを転売、あるいは売ったものを買い戻す）ことで、差金決済（売り値と買い値の価格差で取引を清算すること）が可能です。また、契約の時点で代金や現物を必ずしも用意しておく必要はなく（受渡はあくまで将来の期日なので）、その10％ぐらいの金額の証拠金（担保金）を差し入れることで取引できます。

「世界初の公認先物取引所は、１７３０年（江戸幕府第8代将軍、徳川吉宗の時代）に公許された大阪の堂島米会所」といわれるほど、先物は日本で非常に長い歴史を有しています。

江戸時代、各藩は徴収した年貢米を換金するため、大阪に設置した蔵屋敷に送っていました。当初は各藩の蔵屋敷で売買されていたコメの現物取引は、やがて一堂に会して米切手（コメの保管証明書）を売買する正米取引へと進化し、さらに価格変動リスクを回避するため、帳合米取引が開発されました。この帳合米取引が現在の先物取引の原型です。

先物のリスク回避機能について簡単に説明しましょう。例えば、3カ月後に原油が必要だが、価格の上昇が気になる場合、3カ月後が受渡期日の原油先物を買っておきます。もし3カ月後に原油価格が上昇していれば、原油先物の利益で、実際に現物を買うときの損失を相殺できます。逆に、原油価格が予想に反して下落すれば、原油先物で損失が出ますが、現物を安く買えるので、その損を相殺できます。

このように、先物を利用することで原油の調達価格をある程度固定してしまい、将来の価格変動リスクを回避することが可能です。日本の製造業も、安定した原材料の調達のために先物取引を利用しており、実体経済でも、なくてはならない取引方法となっています。

そして、投資信託でいうアクティブファンドのように、こうした商品先物を中心に自らの手法で運用しているファンドが商品先物ファンドです。

先物は少ない証拠金で大きな金額の取引が可能なので、ハイリスクハイリターンの運用が可能です。したがって、商品先物ファンドもブレが比較的大きくなりやすいといえます。

しかし、価格のブレが大きくても、私が商品指数連動型ファンドや商品先物ファンドを運用プランに組み入れたほうがよいと思う理由は2つあります。

ひとつは、株式市場や債券市場との「相関性の低さ」です。商品価格は株式や債券の価格の動きと異なる動きをします。そのため「株価が下がっても、商品価格が上がる」といった「補完関係」をつくることが可能です。

もうひとつは、人口増加の問題です。日本では少子化による人口減少が大きな社会問題となっていますが、世界レベルで見れば人口は急増しています。今後は人口の増加にともなって食糧大量消費時代に入っていくとみられ、穀物などの世界的な高騰が予測されています。また、原油をはじめ天然ガスなどエネルギーの枯渇問題も挙げられます。したがって、商品市況が中長期的には上昇していくことは、十分に考えられることだからです。

◆ヘッジファンド

ヘッジファンドとは、ひと言でいうと「株式や債券相場など、市場がどのような状態であっても絶対収益を上げる」ことを目的に作られたファンドといえます。従前のミューチュアルファンドの「ベンチマーク」を上回るのとは、根本的に考え方が違います。「どのような相場状況であっても自分の資産が減るリスクを回避したい、殖やしたい」——そんな思いで始まったのがヘッジファンドなのです。

ヘッジファンドは、運用成績が株式・債券相場に左右されないようにするため、先物やオプション、スワップといったデリバティブを駆使したり、あるいは不動産市場や商品市場、企業買収、未公開株で運用したりします。このように投資対象が広範囲で、運用手法は多様化しており、したがって、そのヘッジファンドの投資戦略がどのようなものか、よく理解する必要があるといえます。

戦略によるヘッジファンドの分類

ヘッジファンドの手法は、戦略のタイプによって、3つに大別できます。

◆比較的低リスクの「レラティブバリュー戦略」

ひとつめは「レラティブバリュー戦略」です。「レラティブバリュー」とは、「相対価値」という意味で、2つの価格の「ひずみ」に着目して投資する投資戦略です。

例えば、A社の株式が東京市場と大阪市場に上場しているとします。別の市場に上場している場合、どちらの市場でも常に同じ株価がつくとはかぎりません。株価は売り手と買い手の合意によって決まるので、市場が違えば、同じ会社の株でもわずかに値段が違うという現象が起こり得るわけです。

そうなった場合、この2つの株価を比較すると、一方は割安、他方は割高という現象が起きます。その「ひずみ」、言い換えれば「隙間」を狙って投資するのが、レラティブバリュー戦略のひとつです。

レラティブバリュー戦略のなかにはさまざまな運用手法があり、代表的な手法が「アービトラージ」や「マーケットニュートラル」といわれるものです。「相場の影響をあまり受けずに、絶対収益を狙う」というヘッジファンド本来の考え方を受け継ぎ、安定運用を目指します。

あまりリスクをとらずに安定したリターンを得たい投資家がヘッジファンドを検討する場合、このレラティブバリュー戦略をとっているファンドは一考に値するでしょう。世界金融危機の影響が最も少なかったヘッジファンドは、このタイプのものが多かったといえます。

◆ミドルリスクの「イベントドリブン戦略」

２番目の「イベントドリブン戦略」は、リスクリターンの水準が〝中くらい〟に位置するものです。

「イベント」というのは、市場で起こるさまざまな出来事のことです。具体的には企業の買収や合併、分割などを指します。こうしたイベントをうまく活用しなががら利益を目指すのが、イベントドリブン戦略です。

例えば、A社がB社を吸収合併すると発表したとします。A社とB社の合併比率は2対1の予定です。つまり、A社株1株がB社株2株と同じ価値となり、B社の株主は保有する1株をA社の0・5株に交換できるというわけです。

ところが、現在のA社の株価は1株300円、B社は1株200円だったとしたらどうでしょうか。株価の現状は3対2です。

A社の株価はB社の株価よりも割安な状態にあるといえます。言い換えると、B社の株価が割高な状態です。したがって、相場は2社の株価が2対1の関係になるよう、A社の株価が上がり、B社の株価が下がっていくことが想定されます。

このように企業のイベントをもとに取引を行うような戦略が、イベントドリブン戦略です。

ただ、当然ですが、合併解消や合併比率の見直しなどの変化も起こります。したがって、前述のレラティブバリュー戦略よりも、リスクレベルは高くなります。

◆ハイリスクハイリターン型の「オポチュニスティック戦略」

３つ目の「オポチュニスティック戦略」とは、さまざまな投資機会をとらえながら、相場をある程度張って、いわゆる〝バイアス〟をかけながら運用するヘッジファンドのタイプです。例えば、これからどのような国が成長するか、どこの通貨の価値が上がるのか（逆に下がるのか）、商品市況がどうなっていくかといった大局的な見通しをもとに仕掛けていきます。

このようにダイナミックな投資方針であるうえに、投入される資金も非常に大きく、レバレッジも積極的に用いることから、これまでの２つ戦略よりもハイリスクハイリターンなタイプのヘッジファンドといえます。

世界で最も有名なヘッジファンドマネジャーといえば、ジョージ・ソロス氏を挙げることができます。氏が設立したクォンタムファンドは、このオポチュニスティック戦略のなかでも「グローバルマクロ」という手法で、30年間で５３５１倍のリターンを出しました。スタート時に１００万円投資していれば、なんと53億円にもなる計算です。

1992年にポンドの大暴落を予見し、イングランド銀行を向こうに回して大きく〝売り〟を仕掛け、10〜20億ドルともいわれる利益を出したことで名を挙げました。その存在感は圧倒的で、1997年のアジア通貨危機は〝元凶〟として名指しで非難されたほどでした。現役を引退した今も伝説は続いており、2007年のサブプライム危機でも12億ドル超を稼ぎ出したといわれています。

ただ、これだけ大きな動きをするファンドは、最近ではかなり少なくなっています。ヘッジファンド破たんのニュースも新聞などで取り上げられるようになりましたが、たいていはこのオポチュニスティック戦略のヘッジファンドです。ハイリスクハイリターン型のため、失敗した場合には破たんするケースも多いというわけです。

このように、ヘッジファンドといってもさまざまなリスクリターンの水準があります。購入に当たっては、どのような戦略を採用しているかをよく確認したうえで、自分の「投資スタイル」に合わせて選択することが重要といえます。

海外ファンドの分類

●ミューチュアルファンド
日本の投資信託と同じような仕組みを持ったファンド
ベンチマークと呼ばれる「比較基準」がある

●オルタナティブファンド
従来の投資信託に代わる投資手法

◎商品ファンド
商品市場で運用（商品指数連動型ファンド、商品先物ファンド）

◎不動産ファンド
不動産市場で運用（REIT など）

◎ヘッジファンド
株式・債券相場がどのような状態であっても絶対収益を
上げることを目的に作られたファンド

○レラティブバリュー戦略
リスクレベルは比較的低い
関連する銘柄間に存在する価格差を収益源とする
（債券アービトラージ、株式マーケットニュートラル、
転換社債アービトラージなど）

○イベントドリブン戦略
リスクレベルは比較的中程度
企業買収や合併、分割、債務不履行企業の誤った市場価
格を収益源とする
（買収アービトラージ、ディストレス証券など）

○オポチュニスティック戦略
リスクレベルは比較的高い
ファンドマネジャーの相場観に基づき、世界、特定国、
セクター、アセットクラスに投資する
（グローバルマクロ、マネージドフューチャーズなど）

海外ファンドを選ぶときに確認したい5つのポイント

海外ファンドにはさまざまなものがあります。**大変魅力的なものからリスクの高いものまで、はっきりいえば〝玉石混交〟です。**

また、外国に籍を置いているファンドですから、日本からは見えにくい部分もあります。ですから、ここでも投資の基本を思い出してください。そう、「よく分からないものには手を出さない」です。

それを前提に、具体的には、次の5つのポイントを確認しながら、判断するとよいでしょう。

第一のポイントは「運用会社またはファンドが、格付けを取得しているか?」です。

格付け会社のレーティング（格付け）方法に問題点がないわけではありません。しかし、格付けされていれば、少なくとも〝詐欺まがい〟のファンドである可能性は低いといえるでしょう。

第二のポイントは「国際証券コード（ＩＳＩＮ）を取得している商品か？」です。

国際証券コードとは、各国当局（ＮＮＡ＝National Numbering Agency）が世界共通ルールで付与する、世界にひとつしかない証券識別番号です。海外ファンドのなかでも特にミューチュアルファンドは、国際証券コードを取得しているものがほとんどです。

第三のポイントは「運用会社の過去の実績、資産規模などがしっかりしているか？」です。

通常、会社の設立年度や総運用資産残高などは、パンフレットなどにきちんと表示されているケースがほとんどです。また、きちんと格付けを取得しているような企業であれば「信頼性」も高いといえるでしょう。

ただ、ここでは、会社全体の運用残高だけでなく、各ファンドの資産規模（ファンドサイズ）なども、できれば確認しておきたいところです。というのも、運用残高が減ってくると、運用会社の管理手数料（マネジメントフィー）が減少してくるため、ファンドを解散してしまうケースがあるからです。これは日本の投資信託も同様です。

ミューチュアルファンドの場合、大きいものでは1兆円規模のものがあります。しかし、一般的には数千億円の資産規模があれば十分でしょう。

逆に、ヘッジファンドの場合は、数百億円程度が適正サイズといえます。というのも、ヘッジファンドの運用は、ミューチュアルファンドのように買って値上がりを待つという戦略だけではなく、前述したようにデリバティブなどを用いるため、あまり資産規模が大きくなりすぎると、機動的な運用ができなくなるからです。

実際に、人気のあるヘッジファンドの場合、適正な資産規模（ファンドサイズ）になった時点で、いったんクローズ（新規募集の停止）をしてしまうものもあります。したがって、購入するファンドの運用スタイルによって、ファンドサイズを判断する必要があります。

第四のポイントは、いうまでもなくファンドの過去のパフォーマンスです。設定当初の1～2年だけ良くて、その後、急激に悪くなるようなファンドもありますので、注意が必要です。

運用実績が最低でも3年、できれば5年以上あるようなファンドから、パフォーマンスの良いものを選ぶのがポイントです。もちろんここでいう「パフォーマンス」とは、リターンだけでなく、リスク（標準偏差）の確認も含まれます。

そして第五のポイントが、次項で詳しく説明する「シャープレシオ」です。結論的には、シャープレシオができるだけ「1」を超えているファンドを選んでほしいと思います。

リスクとリターンの関係を示す大切な指標「シャープレシオ」

海外ファンドにしても日本の投資信託にしても、購入を検討するときには「シャープレシオ」を必ず確認して、自分が求めるリスクとリターンに見合った商品かどうかを確認してほしいと思います。この確認は、ぜひ習慣化してください。

シャープレシオを求める計算式は次のとおりです。

まず、そのファンドの「年平均リターン」から「リスクフリーレート（いわゆるリスクが非常に低い金融商品のリターン。個人投資家の場合は、銀行の預金金利など)」を引いた数字を「リスク」で割って求めます。

具体的な数値を使うと、次のような計算式になります。

仮に、日本の預金金利が0・5%だとしましょう。買いたい金融商品の年平均リターンが10%で、その間のリスク(標準偏差)が5%だとすると、(リターン10%－リスクフリーレート0・5%)÷リスク5%＝1・9という数値になります。つまり、この金融商品のシャープレシオは1・9です。

要するに、特にリスクを取らないでも得られる利益(リターン)を抜いて、実質的にファンドから得ることのできたリターンを、リスクの割合で割ったものがシャープレシオというわけです。

このシャープレシオの計算に必要な「リターン」の数値は、通常「運用報告書」などで確認することができます。ただ、そのリターンの数値が何年間の平均をとったものなのかが問題です。「年利10%」と書いてあった場合、それが1年間なのか、2年間の平均なのか、5年間の平均なのかによって、その金融商品の「評価」は全く違ってくるからです。

販売側である金融機関は、なるべく見栄えの良い数字を使いたがります。もし、運用期間が5年間あるのに「直近2年で平均10％のリターン」と表記してあれば、「では、設定来の5年平均はどの程度ですか？」と聞いてみてください。5年間の平均でみたらマイナス5％だったなどというケースもないとはいえないからです。

リターンという表記を見たら、必ず「何年間？」という言葉を思い出しましょう。

シャープレシオの計算に使われる「リスク」の数値には「変動率」や「標準偏差」を当てはめます。海外ファンドの場合は、通常「運用報告書」に記載されているケースがほとんどですが、日本の投信の場合、記述のないパンフレットなどもあります。その場合は、「標準偏差は何％ですか？」という質問を忘れずにしてください。

2章でも解説したように、投資の世界でいうリスクとは〝価格のブレ幅〟のことをいいます。この価格のブレ幅は「変動率」「標準偏差」「ボラティリティ」などさまざまな用語で表されますが、その意味するところに大きな違いはありません。

ちなみに、シャープレシオは数値が大きいほど良い金融商品と考えられています。**そして、理想はシャープレシオが「1」を超えることです。**

残念ながら、日本の投資信託ではあまり見かけることができません。リターンがリスクよりも高い位置にあることが、金融商品の良し悪しを測るひとつの判断基準になるといえます。

ミューチュアルファンドとヘッジファンドの選び方

海外ファンドにはさまざまなカテゴリーがあります。そして同じカテゴリーのファンドでもさまざまなファンドが存在します。例えば、新興国株というカテゴリーでも、東欧株であったり、中国株であったり、南米株であったり、いろいろです。

そうした同じカテゴリーのなかそのなかから、一番優良なファンドを選ぶためには、前述のシャープレシオなどを用い、各ファンドのリスク&リターンの関係を確認することが非常に重要です。これは最初にチェックしてほしいポイントです。

そのうえで、運用会社の格付けや運用規模、ファンドマネジャーがどのような考え方で運用しているかなどをしっかり把握し、比較検討のうえ、自分の「目的」に合ったファンドを選びます。

ファンド会社によって情報開示の内容に若干のズレはありますが、ミューチュアル系のファンドであれば、必要なデータは基本的に入手しやすいでしょう。

◆ミューチュアルファンドを選ぶときのポイント

前述したようにミューチュアルファンドは日本の投資信託と同様に「買って値上がりを待つ」タイプが主流です。そのため、世界金融危機のようにマーケットに大きな変動があった場合は、残念ながら一時的に大きく値を下げてしまう可能性もあります。

したがって、特にミューチュアルファンドの購入を検討するときには、前項で説明したシャープレシオや、実際のブレ幅がどのぐらいで運用されてきた商品なのかをよく見て選ぶことが非常に重要です。

また、ミューチュアルファンドのなかには、既存のファンドと同じ運用形態のものを、そのままオフショア地域で設立し、運用しているものが数多くあります。これを「ミラーファンド」と呼びます。ミラーファンドの運用実績が浅い場合には、そのオリジナルである既存ファンドの運用実績を参考にするとよいでしょう。

◆オルタナティブファンド（ヘッジファンド）を選ぶときのポイント

次に、オルタナティブ系のファンド、特にヘッジファンドは、ミューチュアルファンドとチェックポイントが少し違ってきます。

ミューチュアルファンドの場合、買って値上がりを待つため、どうしても相場の影響を受けやすくなります。対してヘッジファンドの場合、運用手法にもよりますが、基本的には「絶対収益」を目指しているため、「マイナスをいかに抑えているか」が重要な評価要素となるのです。

具体的には、単に年率のデータを見るだけではなく、月次データもきちんとチェックするということです。そのとき見るべきポイントは、運用期間全体を１００％としたときに「プラスで運用された月（ポジティブマンス）が、いったい何％程度あったか？」です。

この「プラスで運用された月」とは、その時々にマーケットでさまざまな出来事が起こったとしても、その影響を最小限に抑え、きちんとプラスのリターンを出せていたかどうかということです。

商品ファンドなどは値動きが激しいため、プラスの比率はおよそ55〜60％程度です。つまり、4割強は「マイナス運用の月（ネガティブマンス）」だったということです。日本の投資信託の多くは50〜60％台、ミューチュアルファンドで60〜70％程度となっています。

ヘッジファンドのなかで最もリスクを抑えた手法であるレラティブバリューファンドの場合、80％台を維持しているものも少なくありません。なかには、90％以上というファンドもあります。つまり、その間の景気変動や市場の乱高下、政変や局地的紛争などがあったとしても、確実に全体の80〜90％の期間でプラス運用をしているファンドであるということです。

特にヘッジファンドで安定的な運用を目指される人は、年率だけでなく、月次データの確認もしてください。もちろん、月次データの比較は、ヘッジファンドに限らず、すべてのファンドで行うことをお勧めします。

パフォーマンスだけでは語れない優良ファンドの条件

ファンドの評価で「パフォーマンス」が重要なのは、当たり前のことです。しかしここでは、パフォーマンス以外の要素も考えてみたいと思います。

優良ファンドの条件として確認してほしいのは、ファンドマネジャーの運用方針と結果がマッチングしているかどうかということです。つまり、運用会社のファンドマネジャーがどういう考えに基づいて、リスクを取り、どの程度のリターンを狙っているかをよく理解することが大切です。

結果が大事なのは当然です。しかし、例えば「リスク5%、リターン10%」を目指しているファンドなのに、運用結果を見たら「リスク15%、リターン30%」だったとしたら、これは大きな問題です。

「リスク15％、リターン30％」というのは、単純にシャープレシオから判断すれば非常にすばらしい結果です。しかし、ファンドマネジャーが意図したとおりに動いていないということが大きな問題なのです。

例に挙げたようなファンドを購入すると、リターン10％（リスク５％）程度を目指しているにも関わらず〝想定外のリスク〟を負わされる可能性があり、その投資家にとってはけっして最適な商品ではないということになります。今回はたまたま良い結果が出ただけで、今後も安心して投資を行うことはできません。

単にリターンが良いから、シャープレシオが良いから、ということではなく、運用責任者であるファンドマネジャーの運用方針と結果がきっちりと〝マッチング〟しているかどうかという視点で、ファンドを見る必要もあるのです。

国内投信と海外ファンドの違い

国内投資信託も海外ファンドも、基本的には、「人に運用を託す」資産運用法といえます。また、前述したように、ミューチュアルファンドは、国内投資信託と同じような組成の仕方がされており、値上がりを待つ運用方法です。

では、国内投資信託と海外籍を持つファンドでは、いったいなにが違うのでしょうか。

最も異なる点は「運用実績」と「運用期間」です。

まず運用実績についてです。残念ながら、国内投資信託でシャープレシオが「1」を超えているものは、ごくわずかです。結果としてプラスで運用されていたとしても、そのプラスに対しての「ブレ幅」、つまりリスクが非常に大きいものが多いようです。これでは、どうしても評価を下げざるを得ません。

次に運用期間の違いについてです。国内投資信託の場合、証券会社系の運用会社を中心に、投資家の関心を引くために、その時々の流行（はやり）に合わせてテーマ性を持った商品を次から次に設定し、募集しているという感は否めません。つまり、金融機関が「売りやすい」商品を次から次へと発売しているのです。

したがって、運用期間が短いものが多く、過去の実績であるトラックレコードが少ないため、なかなかファンドの評価を適切に行うことができないのです。良い実績を残すために、良い商品を長期にわたって運用していこうと感じさせてくれるファンドは少ないというのが私の実感です。

公募投資信託については、さまざまなサイトでデータを公表しているので、ぜひご自身でも確認していただきたいと思います。

一方、海外ファンドの多くは長期にわたって運用されており、1～3年といった直近の動きだけでなく、5～10年のデータからも分析が可能です。この差は大きいといえるでしょう。

海外ファンドで「海外分散投資」を実践しよう

それでは、海外ファンドを用いて「海外分散投資」を実践するためのステップを整理したいと思います。

第2章で述べたように、まずは、資産運用を行う「目的」や「運用可能期間」をきちんと決めてください。そのうえで、次のステップを踏んでいただきたいと思います。

◆ステップ1　通貨分散

私は、海外分散投資をするときには、まず「通貨分散」を考えることを提唱しています。

円という通貨だけではなくて、いわゆる先進主要国の安定的な通貨、具体的にいうと米ドル、ユーロ、英ポンドなど、主要な通貨を保有することによって、金利が低く財政問題を抱える「円」のリスクを回避します。これが通貨分散の目的です。

通貨分散の比率については、次のようにして決めるとよいでしょう。

まず、米ドルなどの外貨で運用するお金を自分の資産全体の何％にするかを決めます。このときには「将来自分が海外で永住する可能性」や「海外旅行に行く頻度」など、外貨をそのまま使う可能性も考慮するとよいと思います。

私のお客様の例でいえば、総資産の30〜50％程度が平均的な割合です。

ここでは仮に30%とした場合、そのうち、基軸通貨である米ドルに何%、ユーロに何%、ポンドまたは豪ドルなどに何%と、大まかな割合で配分を決めていきます。

◆ステップ2　資産分散

通貨分散の比率が決まったら、次に「資産分散」を行います。

例えば、前述の配分で外貨のうち50%を米ドルにしたとします。次に、どのような資産で米ドルを保有するか、その配分を検討します。ここでは有価証券を基本に考えていますので、具体的には株式ファンド、債券ファンド、商品ファンド、不動産ファンド、ヘッジファンドなどのカテゴリーから、それぞれ検討します。

◆ステップ3　地域・セクター分散

仮に株式ファンドを選んだ場合、「地域やセクターの分散」も必要になります。株式市場のなかに入れる資金を、どの国や地域に配分するかを考えるわけです。

最近では、景気が低迷しているアメリカやヨーロッパの先進国だけでなく、成長性を見込んで新興国の株式ファンドも入れるケースが多くなっています。

もちろん、新興国ファンドは変動幅が大きいので、5~10年という中長期の運用を前提とする必要があります。これから5年先、10年先とも経済成長が望め、株式市場も成長していくような国や地域に資金の一部を入れるのも、選択肢のひとつとしては面白いと思います。

◆ステップ4　ポートフォリオの構築

「ポートフォリオの構築」とは、1~3のステップを受けて、株式ファンド、債券ファンド、商品ファンド、不動産ファンド、ヘッジファンドといったさまざまな資産を、それぞれの通貨別に、どのような比率で構成すると一番投資効率が良いかを検討する作業です。つまり全体の構成を決めるわけです。

◆ステップ5　資金配分

いよいよ最終ステップです。ポートフォリオを受けて、それぞれの資産（ファン

荒川流ステップ

◆ステップ１　通貨分散

米ドル、ユーロ、英ポンドなど、主要な通貨を保有することで、金利が低く財政問題を抱える「円」のリスクを回避。

◆ステップ２　資産分散

例えば、米ドルをどのような資産（株式ファンド、債券ファンド、商品ファンド、不動産ファンド、ヘッジファンドなど）で保有するか、その配分を検討。

◆ステップ３　地域・セクター分散

株式ファンドを選んだ場合、どの国や地域、業種に配分するかを考える。

◆ステップ４　ポートフォリオの構築

１～３のステップを受けて、さまざまな資産を、それぞれの通貨別に、どのような比率で構成すると一番投資効率が良いか検討し、全体の構成を決める。

◆ステップ５　資金配分

それぞれの資産への具体的な「資金配分」を検討。

ド）への具体的な「資金配分」を検討します。一般的には、モダンポートフォリオ理論（詳しくは後述します）などに基づき、シミュレーションをして、最終的に決定します。

以上のようなステップで海外分散投資を実践することによって、精度の高い運用が可能と考えています。まずは、きちんとプランを立てることが最重要です。

優良個別ファンドの順次購入とポートフォリオ運用の違い

どんな時代でも、その時々で世間的に評価の高い〝優良ファンド〟というものがあります。そして、こうしたファンドに注目して、その都度投資をされているかたもいることでしょう。私の経験上、日本の個人投資家は、その都度、ファンドを個別に購入するケースが多いのではないかと感じています。

ここでは、こうした個別の優良ファンドを順次購入した場合と、最初にポートフォリオを構築して運用した場合の違いについて考えてみたいと思います。

２００８年をピークに日本で非常に売れた投資信託に「グローバル・ソブリン・オープン」があります。純資産総額（投資信託の時価総額のこと）が一時5兆円を超える大ヒット商品となりました。

この投資信託は、先進主要国の高格付け公社債で運用を行っていますが、２００１年から２００８年にかけて運用結果にかかわらず、１口あたり毎月40円程度の分配金を払っていました。そのため、高齢者をはじめ多くの人が投資をしたのです。そして２００９年８月から２０１０年11月現在にかけて毎月35円の分配金を支払っていますが、２０１１年１月末現在、５年間の年換算のトータルリターンは「マイナス２・３％」です。

ここでは、あえてこの投資信託の評価はしませんが、ただ、シャープレシオが直近5年間のデータで「マイナス０・２７」だったとだけお伝えしておきます。ここまで読み進まれた皆さんは、この数値の意味がお分かりになるはずです。

高格付けの公社債で運用を行っているといっても、投資信託自体の価格のブレは結構あるのです。

さて、話を戻しましょう。このように、その時々で人気も評価も高い投資信託やファンドを買い足していくと、結果としてそれがひとつの「ポートフォリオ」の形になることがあります。

では、このように「成り行きでできたポートフォリオ」と、前述のように海外分散投資のステップを踏んで「計画的に構築したポートフォリオ」では、いったいなにが違うのでしょうか。

最も大きな違いは、計画的に作成したポートフォリオでは、そこに組み込まれている複数のファンドが、それぞれ相補う関係、いわゆる「補完関係」を考慮して構築されているということです。

仮に、すべて同じような値動きをするファンドを保有しているとしましょう。好調なときは大満足の結果となるかもしれませんが、一転、下落に転じると、すべてのファンドが大きくマイナスになってしまいます。ひとつひとつは素晴らしいファンドを選ぶことができたとしても、これでは「ポートフォリオ」としての意味をなしていないのです。

このように、同じような動きをすることを「相関性が高い」といいます。相関性の高い商品だけを組み合わせると、本来目指すべき「補完関係」のないポートフォリオになってしまいます。

単に個別の〝優良な〟ファンドだけを組み合わせて作られたポートフォリオと、最初から計画的に組んだポートフォリオとでは、結果として大きく違ってくることをぜひ理解してほしいと思います。

COLUMN

マネー経済の実体

最近では、お金はさまざまなファンドという形になって世界中を巡っています。**その最大の原因は、2000年ごろから、実体経済に必要な額を上回る「余剰資金」が世界中で生まれ、マネー経済主導で市場を動かすようになってきた背景があります。**

マネーは増殖するウイルスと一緒で、増え始めると、さらに増殖のスピードを加速する性質を持っています。そして近年、利益をより上げられるところを探し、そこに〝一極集中〟する傾向が世界的に顕著になってきました。

その最たる例が、アメリカで起こったサブプライムローン問題です。証券化商品という新しい投資商品が生まれたことで、本来は住宅を購入するお金のない人たちにもマネー経済の余剰資金が向かって行きました。そしてアメリカの住宅価格はすさまじい勢いで上がり続けたのです。

とても信じられないような上昇率でしたが、マネーは動き出すと誰も止めることはできません。そして一挙に動き出したマネーは、不動産市場そして株式市場をハリケーンのように荒らし、次なる増殖の場である商品市場へと向かっていったのです。

その結果、実際の原油の備蓄量は不足していないにもかかわらず、商品取引所で原油先物が投機資金によって買い占められました。買いが入って相場が上がり、上がるからまたさらに買いが入るといったマネーの波状攻撃によって、短期間の間に原油価格は2倍以上に高騰したのです。その後、原油価格は急激に下げましたが、マネーがまた押し寄せてくる可能性がなくなったわけではありません。

マネーは、いったん公社債といった安全資産に逃げ込み、そして銀行の金庫に深く入り込んでしまいました。そして市中にはお金が回らなくなり、世界の中央銀行は協調して資金を出し続けています。しかし、金融危機の傷跡はいまだ完全には癒えることなく、思うような効果は出ていないのが現状です。

いまや、完全に実体経済は、マネー経済に翻弄されているといっても過言ではありません。しかし、一度マネー経済の味を覚えた余剰資金の出し手と〝マネー自体〟はこの動きから逃れることはできません。今後ますます、このような動きは加速していくことでしょう。

そして、市場経済主義をとってきたアメリカ自身も、その大きな代償を払わされています。世界中の国々が、この膨大化したマネーをどうコントロールしていくのか決断していかなければなりません（できるかどうかは別として）。本来であれば、比較的傷の浅い日本が主導権を取りたいところではありますが、国内の政局と、財政問題でそれどころではないようです。

私たち個人投資家が考えなければならないのは、ますます複雑化するマネーの動きのなかで、いかに振り回されずにマネーの「主」であり続けるかです。

そのためには、どこかに偏った運用形態をとらず、相場に振り回されない「ポートフォリオ」を、中長期的視点で形成しておくことです。これは、ある意味、個人資産の防衛にもなるといえます。

くれぐれも、世の中のマネーの動きと自分自身のとるべき戦略を混同しないでください。マネーの動きに乗って、後追いし、大切な資金を失うことのないようにしていただきたいと思います。

第6章

ポートフォリオ・マネジメント・サービス(PMS)

この激動の時代に〝身につける〟べきこと

　これからの激動の時代を生き抜くために、私たちはどのようなことを身につけなければならないのか考えてみたいと思います。

最近よく使われるようになった言葉に「ファイナンシャルリテラシー」があります。「ファイナンシャルリテラシー」とは、いわゆる昔の「読み書きそろばん」にあたるものです。もっと詳しくいえば、お金についてきちんと理解し、自分のライフプラン、目的に応じてお金の運用を考えるということが「ファイナンシャルリテラシー」の重要なポイントです。

　資産運用は、単なる〝流行（はやり）〟で行うものではありません。自分自身のライフプラン、あるいは将来の夢といったものを考えたうえで、計画的に行うものです。

　したがって、目先の相場の上げ下げにうまく対応して利益を上げるような投資手法やテクニックを身につける前に、きちんと「ファイナンシャルリテラシー」を身につけて、資産運用への取り組み方を具体的に考えるべきだと思います。

まず行うべきことは、資産運用を自分自身で真剣に取り組むという強い意志、いわゆる「心構え」をきちんと持つことです。

そして、2番目は、もうすでに何度もお話ししていますが、資産運用の「目的」を明確にすることです。

3番目は、その「手段」の検討です。

そして4番目に、具体的な「プランニング」をするというステップを踏んでいくことになります。

テクニカル的なことや実際の金融商品が登場するのは、あくまでもその後です。何度もいいますが、くれぐれも、いきなり金融商品の購入から入るようなステップは踏まないでください。

そして、もし「自分だけではうまく進めていけない」と思ったときは、まず、専門の投資アドバイザーやファイナンシャルプランナーなどに相談し、自分自身の考えや性格などを含め、きちんと整理するとよいでしょう。あわてる必要は一切ありません。「資産運用」は短期的に結果を出すものではありませんし、焦ってもうまくいきません。自分のペースで進めていけばよいのです。

考えがまとまったら、次はどうすればいいか？

ここまでステップを踏んで、自分自身の考えがまとまったあと、具体的な金融商品の検討に入ることになります。

多くの人は、銀行や証券会社などの金融機関へ行って、相談に乗ってもらうことになるでしょう。しかし、そのときに紹介される金融商品は、果たしてあなたにとって本当に最適なものなのか、もう一度よく考えてください。

何度も繰り返すようですが、銀行や証券会社は、金融商品を販売する企業として営業しています。このことは、常に頭に置いておく必要があります。つまり、金融機関自体が、もともと投資家のためだけに商品選択をすることは難しい立場であるということを、きちんと認識しておくということです。

では、そうした立場の金融機関が行える最善策はなにか。それは「彼らが取り扱っている金融商品の中から」その投資家のために最適なものを紹介するということです。逆にいえば、彼らにそれ以上のことは望めないのです。

例えば、ファイナンシャルプランナーの資格を持つA証券の営業マンがあなたの相談に乗ったとしましょう。

彼はあなたの話を聞いて「お客さんの希望にはB証券の商品がいちばん適しているな」と内心思ったとしても、それを勧めることはありません。あくまで、A証券の取り扱っている商品の中から、あなたにもっとも適したものを紹介することが、彼にでき得る最善の策だということです。

したがって、あなたはできれば複数の金融機関に出向き、自分にとって適していると思われる商品を自分自身で見極めるべきです。仕事や趣味と同じく「時間と労力」をかけなければ、満足のいく結果は得られません。

もしかしたら「その時間が惜しい」と思ったり、または「自分では金融商品の見極めが難しい」と感じたりするかもしれません。**その場合は、コストを支払って、**

金融機関のためではなく、あなたのためにプランニングしたり金融商品を選択したりしてくれるプロの投資アドバイザーに相談して、実行プランを支援してもらうことができます。

日本には、もともと「コンサルティング」に対して、コストを支払う習慣があまり根付いていません。しかし、最近ではこの傾向も変わってきたように思います。ゴルフにしろ、英会話の習得にしろ、独学で練習や勉強をするよりも、すでにノウハウを知るその道の「プロ」や「先生」に習ったほうが、早く確実であることが認識されるようになってきたからです。

投資の世界も全く同じです。プロである金融機関の販売員と、投資のアマチュアである個人投資家が向き合っても、結果はほぼ見えています。金融機関の販売窓口は、なんの考えも持たない投資家が行くところではないのです。

数十万円から、場合によっては数千万円といった、自分の大切な資金の運用のことです。**いくらかはコストがかかったとしても、できるかぎり「成功する可能性の高いプラン」で実行したいものです。**

投資における「利益相反」とは？

前項で示した投資家と金融機関の関係のように、購入者と販売者の場合は、利益相反（コンフリクト・オブ・インタレスト）関係になることは、十分にあり得ます。というのも、その金融機関の販売したい商品が、その投資家にとって最も適した金融商品とはかぎらないからです。

場合によっては、自分たち金融機関にとって、最も収益の高い金融商品を勧めてくるでしょう。しかし、これは販売者の立場から考えれば当たり前のことであって、投資家もそれを理解する必要があります。

では実際に「利益相反（コンフリクト・オブ・インタレスト）」は、どのような場面で起こるのでしょうか。例えば、車に非常に詳しい専門家にコストを払って、自分に合った車選びを依頼したとしましょう。

その人は、アドバイザーをしているとともに、ある車のディーラーの仕事もしていたとします。依頼者の話を聞くうちに、希望に最も合う車はA社の車だと分かりました。しかし、アドバイザーはB社のディーラーをしているため、自分に販売手数料が入るB社の車を勧めました。**この行為は、まさに依頼者に対する「利益相反行為」といえます。**

このような利益相反は、金融の世界でもよく見られます。もし皆さんが投資アドバイザーに相談した場合、そのアドバイザーは、実はある会社の金融商品の代理店でもあったというケースが少なくありません。そのような場合には、少なくともアドバイザーは、自分がその会社の代理店を行っていることをきちんと説明したうえでアドバイスを行い、それが投資家のためなのか、もしくは販売行為なのかということを明確に説明する義務があります。

逆に、相談者側から見て疑念があれば、そのアドバイザーが金融機関の代理店としての業務を行っているのか、それとも中立的な立場で自分のためだけにアドバイス業務を行っているのかを、きちんと確認したほうがよいでしょう。

少なくとも、アドバイスをする側は、金融機関から中立的な立場で相談を受けることを約束したのであれば、有料無料を問わず〝プロとしてのプライド〟をもって、

この「コンフリクト・オブ・インタレスト」を排除しなければなりません。

投資家のためのアドバイザー「IFA」

それでは、その投資アドバイザーが、金融機関から独立した投資アドバイザーであるかどうかを、どこで見分けたらいいのでしょうか。

最近、投資アドバイザーの肩書きとしてFP（ファイナンシャルプランナー）だけでなく、「IFA」という言葉を耳にするようになりました。IFAとは「Independent Financial Adviser」の略です。

FPがアメリカ発祥であるのに対して、IFAはイギリスをはじめとするヨーロッパが発祥です。イギリスでは、金融機関から独立した立場で、中立的に顧客のために資産運用のアドバイスをする人たちをIFAと呼んでいます。

金融機関から独立した投資アドバイザーということは、本来、金融機関の証券外務員や代理店、もしくはブローカーのような立場でないことが大前提です。ところが、日本の場合、証券会社の外務員や証券仲介業者として投資信託や株式などの販売をする人も「ＩＦＡ」と呼んでいます。

証券会社の外務員や証券仲介業者は、あくまで販売することが仕事です。したがって、本来のＩＦＡの言葉の意味のように完全に中立的な立場とはいえません。

従って、もし皆さんが中立的なアドバイスを受けたいのであれば、「ＦＰ」や「ＩＦＡ」といった呼び方は別として、証券仲介業務ではなく、投資顧問業務の免許をもっている投資アドバイザーに依頼すべきでしょう。

もちろん、証券仲介業務が悪いわけではなく、そのことを承知のうえで投資サポートを受けるのであれば、全く問題はありません。

ただ私としては、「コンサルティング（投資家の話を聞いてアドバイスをする）」と「プランニング（投資家に最適なプランを作る）」、この２つが大変重要であると考えているので、どこの金融機関からも独立し、投資家の立場に立ったアドバイス業務を行える本来の意味での〝ＩＦＡ〟に相談をしていただきたいと思います。

資産運用で重視するのは「コンサルティング」

実際に私が資産運用のアドバイスをする場合、最も重視しているのが「コンサルティング」という視点です。これは、私が１９９１年の創業以来、コンサルタントという立場で経営、財産管理、資産運用などのお手伝いしてきたなかで、常に一貫して変わらない考え方です。

というのも、人それぞれ人生が違うように、資産運用の方法や運用商品も「みな、違って当たり前」という大前提があるからです。資産運用のアドバイスを行ううえで、その投資家の目的や状況を聞かずして金融商品が出てくることは考えられません。

しかしながら、実際に金融商品が販売されている現場においては、いきなり金融商品が登場することが少なくないのです。つまり、金融機関側の販売したい商品が店頭に並び、その中から自分に一番適しているだろうと思われるものに投資するしか選択肢がないのが現状です。それはすべて、販売者である金融機関の意図に沿って、資産運用における商品供給が行われているからです。

繰り返しになりますが、まずは自分自身のライフプランや運用計画があって、次にそれに最も適した金融商品が必要となってくるのです。店頭に並ぶ金融商品のなかからなにかを選ぶのではなく、その投資家のために適した金融商品を見つけてくるべきだと思います。

その意味でも、いきなり金融商品が登場するのでなく、まずはきちんとその投資家の「目的」や「現状分析」をしたうえで、最も適したプランニングを構築していくという「コンサルティングステップ」が大変重要なのです。

ポートフォリオ・マネジメント・サービス（ＰＭＳ）

これから紹介する「ポートフォリオ・マネジメント・サービス（ＰＭＳ）」とは、金融機関側ではなく、まさに投資家側のニーズによって生まれた投資サポートサービスです。

ＰＭＳを利用した場合、実際の運用を行うのは自分ではなく、人に託して運用することになります。日本で「人に託す運用」といえば、投資信託などを用いた運用が中心です。ただし、ＰＭＳでは、日本国内だけではなく、世界中に設立されている海外ファンド４万本以上のなかから、投資家のために最適な「ポートフォリオ」を構築していきます。

つまり、金融商品ありきでなく、あくまで投資家のニーズに合わせて個別のプランニングを行います。しかも、ＰＭＳでは、「プランニング」だけでなく、「ポートフォリオの管理」、「資産残高管理」、「プランの見直し」や各種アドバイス業務など、一貫したサービスを受けることができます。

また最近では、より手軽にＰＭＳを利用してもらえるよう、ＩＦＡ側で用意した「モデルポートフォリオ」も提供されています。自分の取れるリスクの範囲や目標リターンなどに合致すれば、こちらの利用も可能です。

ＰＭＳは、もともと欧州の富裕層向けにプライベートバンクなどが行っていたサービスです。**現在のＰＭＳは、それを一般投資家にも利用可能にした資産運用の**

画期的なスキームといえます。

日本の公募投信が約４０００本程度であることを考えると、この4万本という選択肢は非常に多いことがお分かりいただけると思います。しかもそのなかには、日本の個人投資家が直接購入できない優良ファンドや、ファンドの選択基準となるシャープレシオ（第5章参照）が「1」以上のファンドも多く含まれているので、〝質〟の高いプランをつくることができるのです。

PMSの5つのメリット

PMSには、投資家にとって5つの大きなメリットがあります。

①中立したアドバイス（ノーコミッションポリシー）

まず、このサービスは金融商品の「販売」ではありません。したがって、金融機関に対して中立的な、投資家サイドに立ったアドバイスを受けることが可能です。

また、当然のことながら、PMSを提供するアドバイザーは、ファンド会社からのいわゆるセールス報酬（コミッション）は一切受け取りません。投資家も、いわゆる金融機関に支払う「販売手数料」がかからないので、投資効率を高めることが可能です。

アドバイザーには、顧客の資産残高から1・5％（別途消費税）のアドバイザリーフィーが支払われるシステムになっています。また、前述の「モデルポートフォリオ」を利用した場合は、1・0％（別途消費税）プラス成功報酬がアドバイザリーフィーとなります。したがって、顧客の資産が増え、残高が増えていくことによって、アドバイザーの手にするマネジメントフィーも多くなるという仕組みです。

日本の金融商品の場合、金融機関は販売時に手数料を受け取り、その後は運用結果が悪かったとしても、販売手数料を返してくれるようなことはありません。対して、PMSのフィー体系では、投資家の資産が増えなければ、アドバイザーの収入も増えないため、アドバイザーは顧客の資産を増やすことに真剣に取り組みます。

まさに「Win－Winの関係」といえるでしょう。

顧客もアドバイザーも同じ方向を向いて資産を増やしていく大変分かりやすい契約形態になっているのです。

②4万本以上の優良海外ファンドで「海外分散投資」

第2のメリットは、前述のような4万本を超す世界中の優良ファンドの中から、通貨分散による「海外分散投資」が実現できるということです。

実際にファンドを購入するときは、個人が個々のファンドを購入するのではなく、欧州の大手金融機関の機関投資家口座を利用します。機関投資家口座とは、保険会社や銀行などの金融機関が預かったお金を運用する口座のことをいいます。そうした機関投資家に個人の名義で口座を開くことによって、個人が直接購入できないような優良ファンドへの投資が可能になります。

また、最低投資額が10万ドルといった、個人ではなかなか手の出しにくいファンドも、1万ドル程度から投資することも可能となります。

③徹底したファンド選定とデューデリジェンス（精査）

第3のメリットとして挙げられるのは、徹底したファンド選定とデューデリジェンス（精査）が行われることです。

デューデリジェンスとは、対象となるファンドを、過去のパフォーマンスなど数値的要素で「定量的」に分析を行うとともに、ファンド会社の実績や資産規模、ファンドマネジャーの考え方など「定性的」な分析によって、総合的な精査をすることです。

機関投資家の口座を使うということは、機関投資家自身も各ファンドについてデューデリジェンスを行っていることを意味します。さらに、PMSの投資アドバイザーも、その投資家にとってそのファンドが適しているかどうか精査します。このように幾重にもファンドの選定を行っていくため、当然、投資不適格なものや、実体のないファンドはことごとく排除されます。

そのうえで、いわゆる「モダンポートフォリオ理論」というポートフォリオを構築する考え方に基づき、リスク管理を徹底して行います。これによって、期待リターンに対してのリスク（標準偏差、ボラティィリティ）を管理しながら、ポートフォリオを最適な状態に維持していくのです。

④資産の保全（分別管理）

第4のメリットは、資産の保全です。前述のように、投資家の資産はきちんと機関投資家口座で分別管理されます。したがって、たとえ投資アドバイザーといえども、投資家の資金に直接触れることはできません。顧客は直接、自分のお金を機関投資家口座に振り込み、インターネット上で24時間、その残高確認ができる仕組みになっています。

自分のお金を海外で運用するとなると、その資金がどうなっているのか不安になるものです。しかしPMSなら、資産状況は常に自分のパソコンで確認することが可能です。

個人投資家にとって、安心して投資できるインフラが整備されているのです。

⑤継続的なフォロー体制

第5のメリットとして挙げられるのが、継続的なフォロー体制です。

投資家にとって一番大切なことは「投資をする」ことではなく、実は「投資をしたあと」です。投資をするまでにいくら時間をかけて検討しても、期待どおりの結果が出なければ投資した意味がありません。

一般的に金融機関のアドバイザーは、金融商品を買うまではさまざまな説明をしてくれますが、実際に投資したあとのサービスは、残念ながら、非常に品質が低いといわざるを得ません。このことは、株や投資信託などの金融商品を買ったことがある方なら、少なからず経験されていることでしょう。

一方、PMSでは、金融商品の販売ではなく、あくまで資産を増やしていくことによってマネジメントフィーを得るシステムです。したがって、投資したあともきちんとアドバイザーが継続的にファンドの監視を行うとともに、年2回のレポーティングや報告書を送るなどして、顧客と常にコンタクトをとって資産形成をサポートしていきます。

以上、ここでは、欧州の富裕層の間で行われている「ポートフォリオ・マネジメント・サービス（ＰＭＳ）」のご紹介をさせていただきました。日本においても、これからの経済成長率や所得の伸び、年金問題などを考えると、ＰＭＳのようなサービスは、日本人にとって最も有効な「資産運用法」ではないかと考えています。

少なくとも、時間と労力を使って、短期に売買を繰り返すデイトレードなどに取り組むよりは、じっくり増やすこのような手法のほうが日本人には合っているのではないでしょうか。

ただし、ＰＭＳは機関投資家口座を使うため、現状では12万ドル以上（1ドル＝80円なら約９６０万円程度）からのサービスとなっています。残念ながら、それ以下の投資金額では、ＰＭＳを利用できません。

しかしながら、それ以下の金額でも、海外ファンドを用いて「ポートフォリオ運用」を行うことは、十分に可能です。実際に、３００万円程度からポートフォリオで運用している方もいますので、まずは一度、ポートフォリオの構築を検討してみてはいかがでしょうか。

第7章

実践！海外分散投資

20代のための「これから始める資産運用プラン」

本章では、実際に通貨分散を踏まえた「海外分散投資」を実践するにあたって、年代別に具体的なケーススタディをご紹介したいと思います。

まずは、20代のプランニングです。

20代の条件としてまず考えられることは、貯蓄はほとんどないということでしょう。しかし、少ない収入からでも、とにかくこつこつと資産運用を「開始する」ことが重要です。

「72の法則」のなかで、運用期間のメリット（時間を味方にする）という説明をしました。20代は運用期間が非常に長く取れるため、それを最大限に生かした運用を考えたいところです。

運用の目的としては、老後を考えるには、まだちょっと早いので、まずは「将来のための資金づくり」を考えてみましょう。もちろん、40年、50年先のライフプランを描ける人は、できる範囲でどんどん考えてみましょう。プランは、状況によって変わりますし、いつでも見直しができます。重要なのは、まず考えてみることです。

お金のあまりない時期なので、まず貯蓄を開始することを念頭に置きます。その場合、ドルコスト平均法（第2章参照）による積立投資がお勧めです。

海外には、ファンドで運用を行う日本の変額年金と同じような仕組みの私的年金プランがあります。まずは、そういったものを利用して積立投資を行うこともできます。

このプランでは、海外ファンドなら月々250ドル（約2万円強）から積立投資を始められます。また、世界中の約200本程度のファンドから任意に10本まで選ぶことができるので、250ドルで、1本当たり25ドルから投資できる計算です。この200本の中には世界的な優良ファンドも多数含まれているため、「海外分散投資」という観点では非常にメリットがあるといえます。

日本の投資信託の場合は、通常1本当たり1万円から積み立て投資が可能です。また最近、ネット証券では、1000円単位で買える投信も出てきたようですが、

20代のまとめ

<考えられる条件>
●貯蓄はほとんどない。運用可能期間は非常に長く取れる。

<目的>
●将来のための資金作り。

<運用方針>
●積立投資は、海外ファンドで２万円強から。

<ポイント>
●変動の少ないものよりも、ブレが大きい成長性の高いファンドで積極的に運用（期間20〜25年）。

まだまだ品揃えが少ないのが現状です。したがって、円建ての投資信託にこだわらないなら、2～3万円から海外ファンドで外貨建て積立投資を始めてみるのもよいでしょう。

選択する投資信託やファンドは、運用期間をかなり長く取れることから、変動の少ないものよりも、価格のブレがあっても将来性のあるもので、積極的に運用したいところです。基本的には、将来成長の見込める国、地域、産業、もしくはカテゴリーなどを組み込むといいでしょう。

積立期間としては、可能であれば20～

図表 7.1　積立投資モデルポートフォリオ（積極運用）

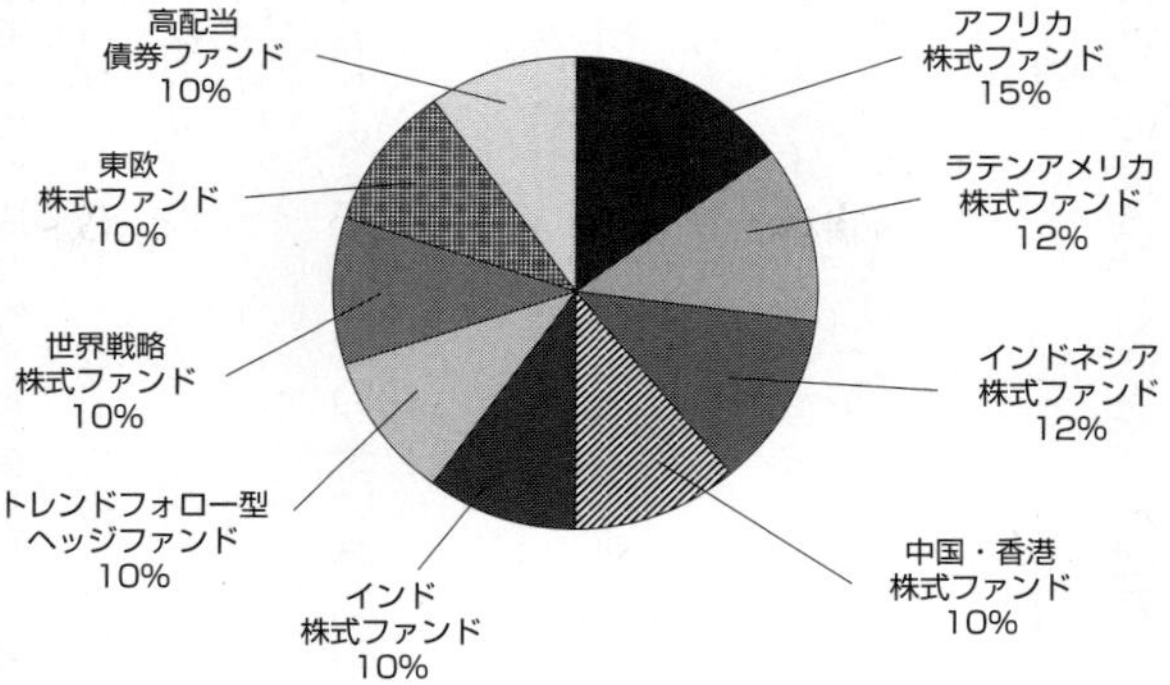

25年ぐらいを目安にするとよいと思います。

20代の方のために、積極運用を目指す積立投資の「モデルポートフォリオ」を組んでみました（**図表7・1**）。

組み込んだのは、次の9本です。将来性の高い国や地域からは、アフリカ株式ファンド、ラテンアメリカ株式ファンド、インドネシア株式ファンド、中国・香港株式ファンド、インド株式ファンド、東欧株式ファンド、そして先進国を含む世界戦略株式ファンド。そしてこちらにトレンドフォロー型ヘッジファンドと高配当債券ファンドを採用しました。

基本的には、成長性を重視し、株式ファンドを中心に組み入れています。

ある程度リスクを取って積極運用を目指せる年代なので、このように、10年後、20年後の成長が見込めるファンドを組み合わせて運用するのがよいと思います。

30代のための「出費の多い時期の資産運用プラン」

次に、30代を考えてみましょう。考えられる条件としては、貯蓄は少しありますが、出費もそれなりに多い時期です。

ただし、運用可能期間は、やはり長く取ることができます。特に、独身の人は、ここでしっかり資産運用を始めると、10年後、20年後にその差が出てきます。

結婚している人は、なにかと出費があると思います。しかし、子供ができるまで、または共働きできるうちは、しっかり貯めておきたい時期です。

ある意味、30代での取り組み次第で、その後の資産状況は大きく変わってきます。

「自分への投資」も必要な時期でもありますので、支出と貯蓄（運用）のバランス

をうまく取りながら計画を立てることがポイントです。

資産運用の目的は、30代前半は、主に将来の「自分や家族のための資金づくり」。30代後半からは、人によっては、早目の「退職後に備えた資金づくり」というケースもあるでしょう。

投資対象は20代と同じく、変動の少ない金融商品よりも、まだまだ運用可能期間が取れるので、ブレの大きいファンドも組み入れながら積極的に運用したいところです。一括投資については、自分の余裕資金に応じて、海外ファンドをまずは1～2本買ってみてもよいでしょう。３００万円以上の余裕資金がある場合は「ポートフォリオ運用」も考えられます。

安全性を重視するなら、外国の大手金融機関が元本保証するヘッジファンドなどを「ポートフォリオ」に組み込む手もあります。そうしたヘッジファンドには、豪ドル建て、米ドル建て、ユーロ建てなどさまざまなものがありますが、満期までは10年程度、長いものですと12～13年です。最低投資額は、50万～３００万円といったところです（通貨によって違います）。

30代のまとめ

＜考えられる条件＞
●貯蓄は少しあるが、出費も多い時期。
●結婚しているかどうかで、投資できる資金は違う。独身時や共働きの間にしっかり資産運用を開始したい。
●自分自身への投資と資産運用とのバランスを取る。
●運用可能期間は長く取れる。

＜目的＞
●30代前半は、将来の「自分や家族のための資金づくり」。
●後半からは、早目の「退職後に備えた資金づくり」。

＜運用方針＞
●まずは投資可能額で海外ファンドを1～2本購入してみる。
●300万円以上あれば、ポートフォリオを組むことも可能。

＜ポイント＞
●毎月の積立投資をできる範囲（3～10万円）で行う。
通貨は、米ドル、ユーロ、ポンドも可。
●積立期間は10～25年。20代と同じく、変動の少ないものよりも〝ブレ〟の大きい成長性の高いファンドで積極的に運用。
●積立投資のモデルポートフォリオは積極運用型。

●一括投資のファンド
安全性を重視するなら　→　元本保証型ヘッジファンド
成長性を重視するなら　→　新興市場の株式ファンドなど
●一括投資のモデルポートフォリオ（海外ファンド）の想定ターゲットリターンは12～15%。

図表 7.2　一括投資モデルポートフォリオ（12 ～ 15%）

	構成比
トレンドフォロー型ヘッジファンド	29%
金・現物投資ファンド	10%
債券投資 ETF	10%
先進国国債ファンド	10%
新興国国債ファンド	10%
マルチマネージャー型ヘッジファンド	10%
商品先物ファンドオブファンズ	8%
エマージング株式ファンド	8%
アジア・太平洋地域株式ファンド	5%

＜通貨配分＞
米ドル　61%
ユーロ　39%

＜ポートフォリオ全体＞
収益率　15.11%
標準偏差　11.15%
（期間：2006 年 10 月 ～ 2010 年 9 月）

また、成長性を重視する場合は、20代のプランで紹介したような、これからの成長が期待される新興国の株式や債券のファンドで運用するのもよいと思います。

海外ファンドを用いた一括投資における「モデルポートフォリオ」のターゲットリターンの目安は12～15％程度を想定してみました。具体的には、最近人気の先物で運用を行うトレンドフォロー型ヘッジファンドや、金の現物に投資を行うファンド、そして債券系のファンドを組み合わせるとともに、ミドルリターン狙いのマルチマネジャー型ヘッジファンドや商品先物ファンドなどを組み入れています。

積極運用を行う部分としては、エマージング地域やアジアを対象とした株式ファンドを組み込みました。通貨配分は、米ドル61％、ユーロ39％です。この「モデルポートフォリオ」の場合、２００６年10月から２０１０年９月までの期間で収益率15・11％、標準偏差11・15％となっています。（**図表７・２**）。

30代の場合は、こうした一括投資をすると同時に、20代と同じく海外ファンドなどを用いた積立投資も併用するとよいでしょう。月々の積立投資は「できる範囲でやる」のがポイントです。３～10万円くらいまでの間で、無理のない金額で継続します。

また、米ドル以外にもユーロ建て、ポンド建てで行うことができるので、将来複数の通貨を保有したい人は、米ドル建て３００ドル、ユーロ建て２５０ユーロといった積立投資の方法も検討されるとよいでしょう。

20代と同様、まだ時間があるので、積立期間は10～25年ぐらいまでで、自分のお金の必要な時期に合わせて決定するといいと思います。

40代のための「少し余裕ができたときの資産運用プラン」

40代のための運用プランは、ある程度の余裕ができた場合を想定しました。しかし、結婚されたのが遅い場合や、お子さんがまだ小さいときは、30代のプランニングと合わせて参考にされるとよいでしょう。

考えられる条件としては、貯蓄はある程度できていますが、まだまだ出費も多い時期です。退職までの年数が20年程度はあるため、運用可能期間も比較的長くとることができます。

運用の目的は主に「退職後をにらんだ資金づくり」です。

一括投資では、それまで貯蓄した数百万円以上の運用可能額があれば、海外ファンドで「ポートフォリオ運用」を検討するのがよいと思います。しかも、その資金が12万ドル以上ならば、前述した「ポートフォリオ・マネジメント・サービス（PMS）」の利用がお勧めです。

いずれにせよ、40代のポートフォリオ運用は、ブレの少ない、つまり比較的リス

40代のまとめ

＜考えられる条件＞
●貯蓄はある程度できているが、まだまだ出費も多い年代。
●子供の年齢なども考慮して、プランの検討が必要。
●運用可能期間は、まだ比較的長く取れる。

＜目的＞
●そろそろ「退職後をにらんだ資金作り」。

＜運用方針＞
●数百万円からの投資可能額があれば、海外ファンドで「ポートフォリオ運用」を検討。
●12万ドル以上なら迷わずPMSを推奨。
●安全性重視なら元本保証型ヘッジファンドも可。
●海外ファンドでの積立投資も併用。

＜ポイント＞
●ポートフォリオ運用は、ブレの少ない（リスクの少ない）安定運用を目指す。

●積立投資は多少ブレがあっても成長性の高い分野で運用。
●積立額は3万円以上からできる範囲で。
●積立期間は10～20年程度。
●積立投資のモデルポートフォリオはやや積極運用。

●一括投資のモデルポートフォリオ（海外ファンド）の想定ターゲットリターンは10～12%。

図表 7.3　一括投資モデルポートフォリオ（10～12%）

	構成比
世界株式インデックスロングショートファンド	17%
商品先物ファンドオブファンズ	15%
不動産学生寮ファンド	15%
先進国国債ファンド	15%
世界債券ファンド	15%
マルチアセット型ファンド	13%
エマージング株式ファンド	10%

＜通貨配分＞
米ドル　45%
ユーロ　27%
ポンド　28%

＜ポートフォリオ全体＞
収益率　11.50%
標準偏差　5.81%
（期間：2006 年 10 月～2010 年 9 月）

クを抑えた安定運用を目指すのがポイントとなります。

一括投資のターゲットリターンとしては、10～12%程度で「モデルポートフォリオ」を組んでみました。世界株価指数のロング（買い）とショート（売り）を組み合わせて運用を行うファンドを用いるとともに、安定運用を目指す不動産ファンドや世界債券ファンド、そして積極運用部分としては商品先物ファンドとエマージング株式ファンドを組み込んだほか、マルチアセット型ファンドを採用するなど、バランスよく〝分散投資〟します。

図表 7.4　積立投資モデルポートフォリオ（やや積極運用）

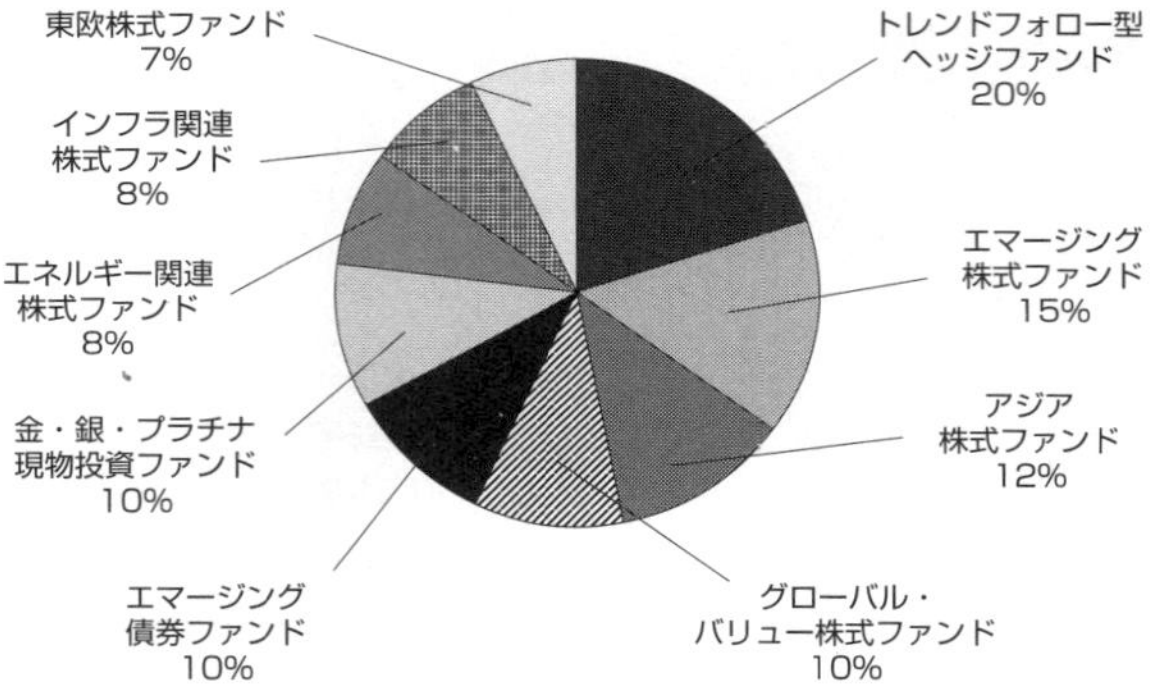

通貨配分は、米ドル45％、ユーロ27％、ポンド28％です。この「モデルポートフォリオ」の収益率は11・50％、標準偏差5・81％となっています（**図表7・3**）。リターンについては、第3章で解説した「72の法則」をぜひ思い出していただきたいと思います。

仮に年10％程度のリターンが得られれば、約7年で資産が2倍になりますので、この運用プランなら十分、目的を達成できるのではないかと考えます。

また、40代はまだ比較的運用期間がありますので、海外ファンドでの積立投資を併用することもお勧めします。

積立投資の場合、積立期間はおよそ10～20年程度ありますから、多少ブレがあっても成長性の高い分野は組み込んでおきたいところです。そこで、「モデルポートフォリオ」は、やや積極運用をイメージしました。

20代、30代のプランに比べて、下げ相場にも強いトレンドフォロー型ヘッジファンドの比率を上げるとともに、金・銀・プラチナなどの現物商品に投資を行うファンドを採用しています（**図表7・4**）。

50代のための「リタイアメント後を考えた資産運用プラン」

50代の場合は、リタイアメント後の資産運用プランを考える時期といえます。考えられる条件としては、ある程度の貯蓄があり、運用可能期間は10～15年程度だということです。

運用の目的は、完全に「退職後のための資金づくり」です。

運用可能額がもし15万ドル以上なら、ＰＭＳの利用を検討したいところです。ま

50代のまとめ

＜考えられる条件＞
●ある程度の貯蓄がある。
●運用可能期間は10～15年程度。

＜目的＞
●退職後のための資金作り。

＜運用方針＞
●12万ドル以上あれば、PMSの利用を検討。
●または元本保証ファンドで10～12年程度運用も可。
●海外ファンド積立は、３万円からできる範囲で。
●積立期間は収入のある退職時まで。

＜ポイント＞
●ポートフォリオ運用はブレの少ない（リスクを抑えた）安定運用を目指す。

●積立投資は、成長性と安定運用のファンドの組み合わせでバランス運用。
●積立期間は、退職年齢に合わせ、10～15年。
●積立投資のモデルポートフォリオ（バランス運用）。

●一括投資のモデルポートフォリオ（海外ファンド）の想定ターゲットリターンは8～10%。

図表 7.5　一括投資モデルポートフォリオ（8 ～ 10%）

	構成比
商品先物ファンドオブファンズ	15%
不動産学生寮ファンド	15%
生命保険証券ファンド	15%
債券ファンド	15%
担保貸付ファンド	15%
マネージド・フューチャーズ	15%
エマージング株式ファンド	10%

＜通貨配分＞
米ドル　45%
ユーロ　40%
ポンド　15%

＜ポートフォリオ全体＞
収益率　10.34%
標準偏差　4.50%
（期間：2006 年 10 月 ～ 2010 年 9 月）

た、元本保証型ファンドで10～12年程度の運用を検討してもよいと思います。

一括投資で、海外ファンドによる「ポートフォリオ運用」のポイントは、基本的にはブレの少ない安定運用を目指すことが挙げられます。

「モデルポートフォリオ」の想定ターゲットリターンは、8～10%としました。基本的には、リスクを抑えたオルタナティブファンド（不動産ファンド、生命保険証券ファンド、担保貸付ファンド）を複数組み合わせ、〝下げ相場〟にも強い商品先物ファンド、そして債券ファンドと一部株式ファンドを組み入れていま

図表 7.6　積立投資モデルポートフォリオ（バランス運用）

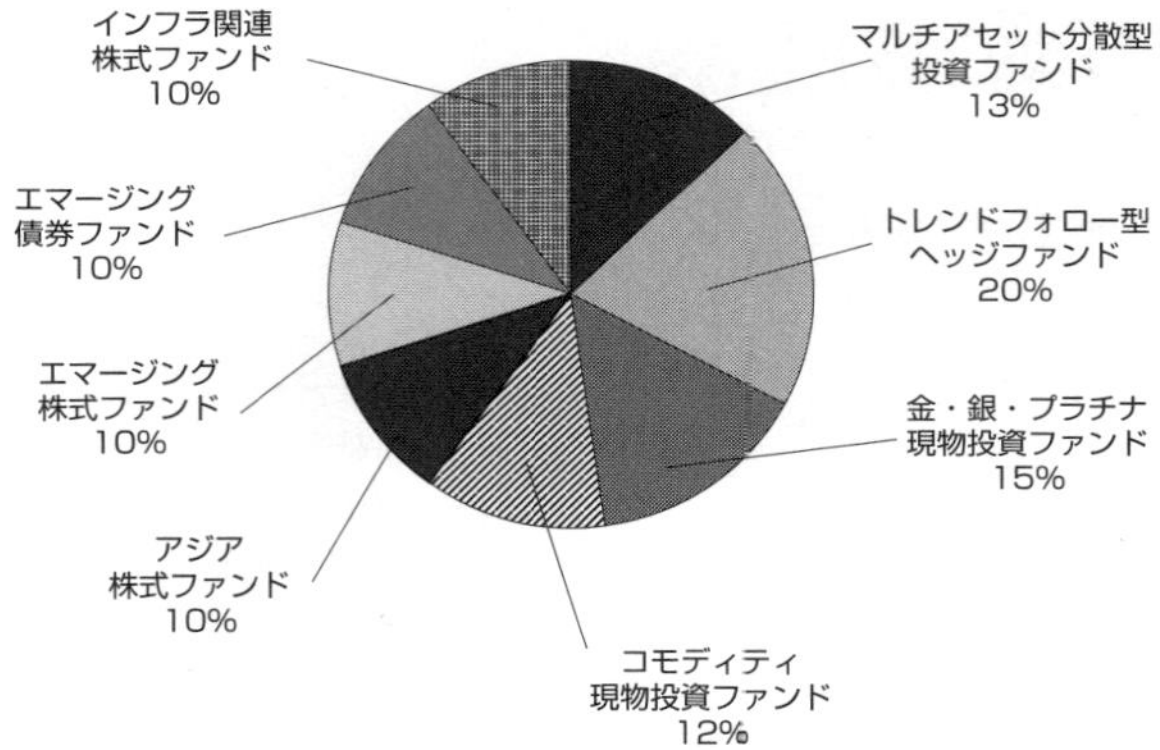

す。

通貨配分は、米ドル45%、ユーロ40%、ポンド15%としました。このモデルポートフォリオは、収益率10・34%、標準偏差4・50%となっています（**図表7・5**）。

また、運用期間がまだ10～15年程度ありますので、積立投資も併用したいところです。

成長性と安定運用のものを組み合わせ、バランス型の運用をするといいでしょう。積立額は、3万円程度から無理をしない範囲で積立投資期間を設定し、できるだけ退職年齢まで続けるのがいいと思います。

なお、積立投資のモデルポートフォリオはバランス運用です（図表7・6）。

60代以上のための「退職後を生き抜く資産運用プラン」

60代以上の方の資産運用プランは、退職後を生き抜くためのプランという位置づけです。

考えられる条件としては、今までの貯蓄と退職金がありますが、基本的に安定した収入はなくなります。また、退職後という意味合いで考えると、運用可能期間は比較的長いといえますが、今までと違うのは、そこから〝取り崩す〟必要が出てくるということです。

したがって、運用の目的は「退職後の生活資金の確保」になります。

運用可能額は退職時の資産。これが、いくらあるかによります。

以上のことから、60代以上の運用プランは一括投資で考えます。ただ、60代前半

60代のまとめ

＜考えられる条件＞
●今までの貯蓄と退職金はあるが、安定的な収入がなくなる。
●運用可能期間は長いが、資産を〝取り崩す〟必要が出てくる。

＜目的＞
●退職後の生活資金の確保。

＜運用方針＞
●基本的に、運用プランは一括投資で考える。
●ただし、60代前半で比較的運用資金がある場合は、10年程度の積立投資の併用も可。
●大きく増やすことよりも、減らさないことを重要視。
●使う時期に合わせて、債券や元本保証型のファンドで運用。
●余裕資金があればPMSの併用も検討。

＜ポイント＞
●リスクを大きく取るような運用は禁物。
●お金を使う時期に合わせて、流動的に使えるようにする。

●一括投資のモデルポートフォリオ（海外ファンド）の想定ターゲットリターンは６～８％。
●資金量によって、５％程度のプランでも問題ない。リスクを抑えることがポイント。

図表 7.7　一括投資モデルポートフォリオ（6 ～ 8%）

	構成比
ローボラティリティヘッジファンド	15%
不動産学生寮ファンド	15%
生命保険証券ファンド	15%
マルチアセット型ファンド	15%
債券ファンド	15%
担保貸付ファンド	15%
商品先物ファンド	10%

＜通貨配分＞
米ドル　40%
ユーロ　30%
ポンド　30%

＜ポートフォリオ全体＞
収益率　8.16%
標準偏差　2.45%
（期間：2006 年 4 月～ 2010 年 9 月）

で、比較的運用資金がある方は、10年程度の積立投資を併用されてもよいでしょう。

いずれにしても、大きく増やすことよりも、減らさないことを重要視することがポイントです。したがって、リスクを大きくとるような運用は禁物といえます。お金を使う時期に合わせて、債券や元本保証型のファンドで運用するのもいいでしょう。

また、余裕資金があれば、ぜひＰＭＳの併用も検討したいところです。

一括投資の「モデルポートフォリオ」運用のターゲットリターンは、6～8％と保守的に考えてみました。資金量があれば、さらにターゲットリターンを抑えたプランでもよいと思います。

基本的には、相場の影響を受けにくいオルタナティブファンド（ヘッジファンド、不動産ファンド、生命保険証券ファンド、担保貸付ファンド）を中心に、債券ファンド、マルチアセット型ファンド、そして一部成長性とリスクヘッジを兼ねて、商品先物ファンドを組み入れてみました。通貨配分は、米ドル40％、ユーロ30％、ポンド30％としました。

このモデルポートフォリオでは、収益率８・１６％、標準偏差２・４５％と、非常に標準偏差を抑えたプランとなっています（**図表７・７**）。

ポイントは、元本割れを起こさないことを一番の目的として運用することです。

海外ファンド投資への取り組み方

では、具体的に海外ファンドを購入するにはどのようにすればよいのでしょうか。運用方法別に、ご紹介したいと思います。

①気に入った海外ファンドを購入する場合

まずは、きちんとした情報を入手することが大切です。インターネットでもさまざまな情報が入手できますが、今まで述べてきたように玉石混交です。**まずは信頼のおける海外投資専門の投資顧問会社（ＩＦＡ）から情報を入手するのが一番安心できるでしょう。**

英語力がある方なら、オフショア地域に設立されているオフショアバンクなどのウエブサイトを見れば、購入できるファンドの情報を入手できます。日本人が使う機会が多いのは、地理的なこともあって、香港やシンガポールのオフショアバンクで、有名なところではＨＳＢＣやシティバンクなどがあります。

なお、私も無料メールマガジンで、海外ファンド情報を提供していますので、興味がある方は、ご活用いただければと思います。

まぐまぐメールマガジン「海外ファンドで資産を作ろう！」
http://www.mag2.com/m/0000121186.html

購入に関しては、日本に登録されている金融商品ではないので、あくまで運用会社と投資家の直接契約です。ただ、海外の運用会社も、いきなり個人投資家が申し込んで受け付けてくれるところは、ほとんどありません。基本的には、海外の銀行や証券会社、または運用会社と契約している海外のＩＦＡを活用することになります。また、前述のオフショアバンクなどを通じた場合、やはり日本と同じく、金融機関が推奨する（販売したい）ファンドの紹介となりますので、中立的なアドバイスを求めるならＩＦＡを利用したほうがよいでしょう。

私がお勧めするのは、国内で海外投資を専門としており、きちんと金融商品取引法に基づいて投資助言・代理業者登録を行っている会社（無登録会社や代理店・販売者の立場でないことが重要）から中立的な立場でファンド情報やアドバイスを受け、国外で直接投資する方法です。

②「ポートフォリオ」の構築後に該当ファンドを購入する場合

いきなり海外ファンドを購入するのではなく、まずは「ポートフォリオ」を構築してから投資する方法です。個人的には、こちらがお勧めです。この場合も、やはりオフショアバンクなどの金融機関に相談するケースと、ＩＦＡを使うケースが考えられます。

ただこれまでと同じ理由で、お勧めしたいのはＩＦＡ（投資顧問会社）を用いる方法です。組み込まれたファンドの購入にあたっては、前述の方法と同じです。

③ＰＭＳを活用する場合

上記サービスは、私が長年かけて海外ＩＦＡと共同で開発した資産運用方法です。完全に独立したアドバイス業務を受けながら、世界中の４万本以上のファンドが投資対象になります。ＰＭＳの考え方やメリットなどは、第６章をご覧ください。

また、ＰＭＳについて、より詳しく知りたい方は、前著『海外ファンドのポートフォリオ』（パンローリング刊）をぜひご一読いただければと思います。

運用資金が12万ドル以上ある方に、ぜひとも検討していただきたいサービスです。

いずれのケースにしても、海外投資をする場合は、まずは専門家に相談して「コンサルテーション」を受けたうえで、具体的なプランニング、そしてファンド購入に入ることが重要です。くれぐれも「評判が良いから」とか「勧められたから」という理由で、金融商品選びから入ることのないようにしてください。

私の会社でも、初回無料コンサルティングを行っております。投資金額にかかわらず、ご興味がある方はぜひご活用ください。

ＩＦＡ ＪＡＰＡＮホームページ
http://www.ifa-japan.co.jp/

COLUMN

資産運用と幸せ感

資産運用の目的は、自分の人生目標を達成するために必要なお金を計画的に作ることです。したがって、お金は、幸せを感じるための必要な「モノ」なのですが、時として、人は「勘違い」をしてしまうことがあります。

それは「お金がある＝だから、幸せになれる」という考え方です。一見正しそうに見えるかもしれませんが、これは全くの勘違いであることをきちんと理解しておかなければなりません。

私は仕事柄、たくさんのお金持ちの人たちとお会いしてきました。なかには、とても幸せそうな人もいましたし、全くそうでない人たちもいました。

大豪邸に住み、高級外車に乗り、子供2人は一流の学校に通い、いつもすてきなレストランで食事をする富裕層の家族。誰が見ても幸せそうに見える理想の「お金持ち」の家庭といえます。しかし1週間後、夫婦は離婚し、仲の良かった2人の子供たちは1人ずつ片親についていくことになり、これから長い年月別居生活を余儀なくされました。

また、あるお金持ちの老人は、子供たちの幸せを願って、大きな資産を残して他界されました。しかしその直後から、遺族は遺産相続（争族）に明け暮れ、ついには裁判沙汰にまで発展しました。結局、その後、両者とも納得のいかない調停をしぶしぶ受け入れ、兄弟姉妹関係は絶縁状態となってしまったのです。

果たして、そんなことのために老人は、資産を残したのでしょうか。本当に残すべきは「お金」ではなく、兄弟姉妹が仲良く助け合いながら暮らす〝術〟だったのかもしれません。

「幸せ」とは概念であり、なにか「カタチ」があるわけではありません。大切なのは「幸せを感じることができるかどうか」ということだと思います。

もし、あなたが、現在全く幸せを感じることができず、幸せになるべく、お金を殖やすことだけを目的に資産運用や投資をしようとしているのであれば、それは考え直されたほうがよいでしょう。仮に資産運用や投資に成功してお金を手にできても、幸せを感じることができる可能性は非常に低いからです。

逆にいえば、人間はどんな状況下でも「幸せ」を感じることはできます。すべては「受け止め方」次第です。

私のお客様は、潤沢に「お金」をお持ちの方ばかりではありません。少ない資金のなかでも、家族や自分のためになんとかしたいと資産運用のご相談に来られる方もいらっしゃいます。概してそのような方のほうが「幸せ」を感じて生きている人が多い気がします。

どのような状況のなかでも「幸せ感」を持てる人、ささやかなことにも幸せを感じ取ることができる人が、お金を手にしたとき、さらに大きな幸せを感じることができるのだと思います。

本書の中でも何度となく申し上げてきましたが、「お金」は人間が作り出した〝モノ〟であり、人間が支配すべきものです。「お金」が人間を幸せにしてくれると考えた時点で、「お金」のあなたへの支配がはじまります。

「より幸せになる、そのためにはお金も必要」――これが正しい考え方ではないかと思うのです。

第8章

「海外分散投資」が日本の将来を救う！

広がる日本の将来不安

２０１０年代になって、私の会社には、今後の為替動向に関するお問い合わせが急増しています。また、日本の財政問題で将来に不安感を募らせている方がたくさんいらっしゃるようです。

そこで本著の最後に、もう一度、日本の現状を踏まえたうえで、日本人にとっての「海外分散投資」の位置づけを考えてみたいと思います。

２００９年の総選挙のあと、自民党から民主党への政権交代がありました。期待を持って見守っていた方も多かったことでしょう。しかし、いざフタを開けてみると、問題が解決するどころか、今まで顕在化していなかったさまざまな課題が表面化してきました。

これまで、民間レベルでは、国際競争や消費者の嗜好の変化に合わせて、構造改革やビジネスモデルの見直し、リストラクチャリングなどに積極的に取り組んできました。製造業、流通業、建設業、そして金融業と、早くに競争に見舞われた業界ほど、その対応に迅速に取り組み、国際競争力をつけて勝ち残ってきたといえます。

逆にいえば、建設業界の〝談合〟や金融業界の〝護送船団〟など、昔からのやり方を変えることに時間がかかった業界ほど、変わるときの〝痛み〟が大きかったといえるでしょう。

日本は、戦後、高度経済成長を遂げた反面、そこには多くの無駄や矛盾も抱えてきました。その後のバブル経済を経て、成熟社会に向かうなかで、民間企業は過去の成功体験とは惜別し、構造改革に取り組まざるを得なかったのです。そして、日本の旧態依然とした最後の牙城が「官僚制度」であり「政治制度」ではないかと思います。

どちらも、民間の場合と違って「自浄作用」によって「自己変革」しなければならない〝組織〟であるため、既得権や保身を捨て去る取り組みがなかなか進んでいないのが現状です。そのあたりが、今の政治家と国民との「感覚のズレ」や「もどかしさ」につながっているのだと思います。

多くの国民は、政権が代わってもなにも変わらないことを体感しました。今まで改革できずにきた政治の仕組みや官僚制度自体を見直さないかぎり、根本的な日本の問題点は解決されません。政治家自身で自己革新できないのであれば、外部からその動きを作り出していくしかないでしょう。

その方法論については、また別の機会に述べさせていただくとして、今のまま日本が方向性を見いだせなければ、ますます日本の財政は悪化の一途をたどり、場合によっては財政破たんも現実のものとなってしまうでしょう。もし、それを阻止しようとするならば「大増税」や「社会保険料の負担増」など、国民の「支払うべきお金」を大幅に増やすとともに、「年金支給額の減少」「各種手当・控除の廃止縮小」など「受け取れるお金」を減らしていくしかありません。

多くの国民はすでにそのことに気づき始めています。しかし「そうはいっても、そんな簡単に財政破たんは起こらないだろう」「今の時代、預金封鎖など行うわけがない」「日本には対外債権もあるし、いざとなったら他国も助けてくれる」などといった全く根拠のない「自己暗示」にかかり、深くそのことを考えようとしない「思考停止」「現実逃避」の状態に陥っている人も、まだまだ多いような気がします。

将来がどうなるかは誰にも分かりません。しかし、大切なことは、万が一、そうなったときの準備をきちんとしておくことではないでしょうか。ばく然とした日本への〝不安〟に対して、個人としてできることをしておくということです。

「備えあれば、憂いなし」――私が常に肝に銘じている言葉です。

為替政策を考える

読者のなかには、私が日本の財政破たんを予測、または場合によっては、待っているかのように感じる方がいるかもしれません。しかし、それは全く違います。なんとしても、この危機的状況を打破してもらいたいと強く願うとともに、いまほど日本の「政治力」が問われているときはないとも思っています。

私はこの危機的状況打破の糸口となる大きな柱のひとつが「為替政策」ではないかと考えています。

リーマンショック前、日本円の対米ドル為替レートは、おおむね120～130

円程度のボックス圏で推移していました。そこで、多くの海外金融機関やヘッジファンドなどが、いわゆる「円キャリートレード」といって、金利の低い「円」で資金調達をして、当時は金利の高かった米ドルやユーロ、豪ドルなどで運用していました。また、為替レートの安定を享受して、輸出企業が過去最高の法人税を稼ぎ出しました。低迷する国内需要をよそに、海外で稼ぐ企業は元気だったのです。

それが金融危機で〝一転〟しました。アメリカ、ヨーロッパが相次ぎ景気低迷と財政悪化に見舞われ、比較的影響が軽微であった日本の「円」に一斉に資金が流れ込み「円高」となり、好調だった輸出企業の業績を直撃したのです。

そのため国内の論調は、「円高によって国内景気が低調に推移している」「円高が日本経済の重しとなっている」といったものが多くなりました。しかし、本当に、日本にとって円高が〝悪〟で、円安が〝善〟なのでしょうか。

その「答え」は、まさにこれから日本の〝将来ビジョン〟をどう描くかによって変わってきます。将来を見据えたうえで、日本が取るべき「為替政策」を考えるトキがきているのです。

「円安」「円高」のメリットとデメリット

それを明らかにするために、改めて日本にとっての「円安」「円高」のメリットとデメリットについて考えてみたいと思います（図表8・1）。

まず、「円安」によって個人の受けるメリットは、外貨建て資産の価値が上がることです。また、日本経済は輸出産業に依存している部分も多く、輸出企業の業績が上向くことで、個人所得の増加や国内景気への波及効果を望むことができます。

反面、円安によって輸入品が高くなります。したがって、製品だけでなく原材料や原油などにも影響して物価上昇要因となります。

企業にとって円安のメリットは、輸出企業の価格競争力が高まることで、下請けなどの中小企業の業績へのプラス効果も考えられることです。また、外国人観光客も、外貨での旅費が割安となるため、増加が見込めるでしょう。

一方、デメリットとしては、輸入企業の価格競争力が低下することによる業績悪化や、海外旅行をする日本人の減少などが考えられます。

次に「円高」のケースを考えてみましょう。

個人のメリットとしては、輸入品が安く購入できるため、物価安定要因になる可能性があります。また、海外旅行なども安く行けるため、旅行者の増加も見込めるでしょう。そしてなんといっても、海外資産を「強い円」で割安に購入できるメリットがあります。

反面、円高によって雇用者の割合が多い輸出企業の業績が低迷し、所得の減少や派遣切りなどの雇用悪化が考えられます。また、外貨で収入がある人や外貨資産を持っている人は、円換算したときに目減りすることになります。

次に、企業にとって円高のメリットは、海外からの原材料などを安く仕入れることができることです。輸入企業や内需産業にとっては、業績が上向きやすくなるでしょう。

一方、デメリットは、円高によって海外からの観光客が減少したり、大手製造業が海外へ工場を移転したりするなど〝国内産業の空洞化〟も懸念されるところです。

このように、その国の通貨が他の通貨に対して「安い」または「高い」ことによっ

図表 8.1　為替による考えられるメリット・デメリット

		メリット	デメリット
円安	個人	輸出企業の業績アップによる所得増加	輸入品が高くなる（物価上昇要因）
		外貨建て資産の価値が上がる	海外旅行が値上がりする
	企業	輸出企業の価格競争力が高まる	輸入企業の価格競争力が低下する
		輸出企業の収益拡大→法人税増加	輸入企業の収益圧迫→法人税減少
		外国人観光客の増加	日本人海外旅行者の減少
円高	個人	輸入品が安く買える（物価安定要因）	輸出企業の業績低下による所得減少
		海外旅行に安く行ける	外貨収入が目減りする
		外貨建て資産を安く購入できる	外貨を円転した時目減りする
	企業	海外から原材料を安く購入できる	外国人観光客が減少
		輸入企業の価格競争力が高まる	輸出企業が工場などを国外へ移転

て、それぞれメリットとデメリットが存在します。

重要なことは、その国にとって、どの為替政策を選ぶことが国益となるのか、国民にとってプラスになるか、ということです。残念ながら、今の日本では、このことがほとんど語られていない気がします。しかし「円安」と「円高」、それぞれの場合を想定して、明確なビジョンを持つ必要があります。

そして、それを考えるためには、改めて日本の〝強み〟を再認識することが大変重要ではないかと思います。

日本の〝強み〟とはなにか？

私は、長年コンサルタント業務に従事してきましたが、その際必ず確認することは、その企業、または個人の〝強み（売り）〟はなんなのかということです。

いうまでもなく、現在、企業や個人が競争社会を生き抜くとともに、個人がより充実した生活を過ごしていくためには、自分自身の〝強み〟を明確にすることは大

変重要なことです。自分の得意分野で仕事をして、競争していくほうが、勝つ確率が高まるだけでなく、自分らしく生きていくことができるからです。

日本という国も、国際社会で共生し、そして勝ち残っていくためには、日本の強みを再認識したうえで、ある意味、国を挙げて向かうべき「目標」を明確にし、取り組んでいくことが大変重要であると思うのです。

それでは、一体、日本の強みとはなんなのでしょうか。

２０１０年11月に開催された「ＡＰＥＣ（アジア太平洋経済協力）ＪＡＰＡＮ２０１０」で、日本政府は「日本の強みで、おもてなし。」というコンセプトを打ち出していました（初めて知った方も多いと思いますが……）。具体的には、歌舞伎の披露や丹後ちりめんの紹介、そして伝統的な日本料理を堪能してもらうなど、日本の文化や伝統などの紹介です。

たしかに、文化などは日本の強みのひとつではあります。しかし、日本の強みは、それだけではないはずです。ここでは、私の思いつくまま、いくつかを列挙してみたいと思います。

最初に、日本の立地条件によって得られる強みを考えてみましょう。

まずは、日本の国土です。肥沃な農地に、豊穣の海があります。国土の70％は森林に占められ、水資源も豊富です。そして、なんといっても四季折々の季節感あふれる風情を味わうことができます。温泉も各地に点在し、多くの観光客を呼び込める潜在力を持っています。

また、経済の分野では、現在、東京23区の人口は約880万人で世界11位と、さほど大きい経済圏ではありません。しかし、東京近郊の集積経済（異業種の企業が集中して立地することで得られる経済効果のこと）で考えると、首都圏は世界でも群を抜いて大きな経済規模を誇っています。

国連による人口密度を元にした調査によれば、世界の都市圏のトップ3は、1位が東京の約3667万人、2位がインドのデリーで約2216万人、3位がブラジルのサンパウロで約2026万人です（ちなみにニューヨークは6位で約1943万人、上海は7位で1658万人です）。

かつて日本経済の〝東京一極集中〟を問題視する声もありましたが、逆にいえば東京は現時点で世界最大の集積経済を持っているともいえるのです。ですから、羽田の「ハブ空港」としての取り組みは、大きな可能性を感じさせてくれます。

また、物流の拠点としては、すでに沖縄がアジアの「ハブ空港」として機能し始めています。アジアの地図を眺めると、沖縄はその中心地にあり、成田や羽田に空輸するよりも、沖縄で集荷、仕分け、配送することによって、大幅な時間短縮が可能です。

日本のアジアにおける立地、そして南北に長い領土を生かす方法はたくさんあるのです。

次に、強みとして取り上げたいのは、やはり日本の技術力です。大企業の生産技術もさることながら、特に中小企業が持つ加工技術は、まさに〝匠〟の世界であり、「唯一無二」の技術もたくさん見られます。

また、日本の省エネ技術は、早くから取り組んでいたこともあって、住宅断熱材や家電製品など多くの分野でその実績を残しています。大量生産するような製品や人件費などのコスト競争で他国に勝つのは難しくなってきましたが、〝付加価値〟

の高い分野においては、まだまだ世界と差別化できる技術力を持っているといえるでしょう。

そして私が着目したいのは、日本人の〝国民気質（国民性）〟です。時代は刻々と変わりますが、日本人のきめ細やかな気づかいや丁寧さ、安心や安全を重視する仕事、協調性などは、誇れる強みです。

特に、海外と比べても、日本はサービスの分野で群を抜いていると感じさせられます。例えば、特に高級なホテルやレストランでなくても、不快な接客をされることは多くありません。街中にある一般的なお店でだまされるとか、不当に高く売りつけられるような心配もほとんどなく買い物ができるのも、ある意味日本の強みでしょう。

また、民族や宗教上のこだわりも少なく、基本的には争うことを良しとしない精神性を持っています。世界の国々と分け隔てなく交流する素質も高い国民性だと思います。

文化（カルチャー）面では、伝統文化以外にも強みがあります。アニメや漫画のコンテンツは、世界中でも日本の独壇場といっても過言ではありません。

一方、今後伸ばしていける分野としては、アジアでの立地（観光資源）と日本の技術力、そしてサービスクオリティの高さなどを考え、アジアの国々からの「メディカルツーリズム（医療観光）」を受け入れ、ガンの早期発見に有効なＰＥＴ（陽電子放射断層撮影）検診などを提供していくことも、強みを発揮できる分野ではないかと思います。

また、私が個人的に取り組んでもらいたいと思っている分野は〝金融立国〟への挑戦です。

仕事柄、金融先進国といわれる欧米の金融機関と付き合う機会が多いですが、正直、多彩な運用商品の企画・開発・運用力では、欧米に軍配が上がります。この分野で日本が欧米と肩を並べるには、まだまだ時間がかかるでしょう。

ただ、サービスの〝クオリティ〟という面では、日本のほうがはるかに上だと思っています。したがって、金融サービスの分野をより強化し、世界中から日本にお金が集まる仕組み（プラットフォームの提供）にぜひ取り組むべきだと思います。

考えられる日本の"強み"

<立地条件などによる強み>
1．肥沃な土地、豊かな海、水資源が豊富
2．観光（名所名跡も多く、四季がある）
3．世界最大規模の首都圏の人口集積
4．ハブ空港、物流拠点（特にアジア圏）

<国民気質などによる強み>
1．付加価値の高い技術力（匠の世界）
2．細やかな気配り、安心・安全重視、協調性
3．民族や宗教上のこだわりが少ない
4．伝統文化の他、様々なコンテンツ開発力
5．クオリティの高いサービス

<個人的に伸ばしてもらいたい強み>
1．金融サービス分野

残念ながら、日本の株式市場自体は徐々に規模が小さくなっています。しかし、日本への直接投資でなかったとしても、世界中から資金が集まる国、そしてそのような市場を持つことは大変大きなメリットがあります。

実現のためには、税制の問題や規制緩和の問題など、取り組まなければならない課題はたくさんありますが、これからの成熟社会を生き残るためにも、ぜひ取り組んでもらいたいテーマだと思います。

日本の“強み”を活かすポイント

a．**輸出で提供**
付加価値の高い技術・文化（カルチャー）・コンテンツ

b．**国内で提供**
人的交流・物流・観光資源・ハイクオリティサービス

さて、日本の強みをざっと挙げてみましたが、これ以外にも、まだまだたくさんの強みがあるのではないかと思います。

そして、強みを生かすポイントとして「付加価値の高い技術」や「文化（カルチャー）」「コンテンツ」は、輸出が可能ですから、積極的に世界に供給していくべきだと考えています。この分野を〝a〟とします。

一方「人的交流」「物流」「観光資源」や「ハイクオリティサービス」などは、日本国内で提供するものであるため、海外からの渡航者を積極的に受け入れていく姿勢が重要になるでしょう。この分野を〝b〟とします。

広く海外へ発信する強みと、国内で取り組むべき強みを生かし、目標を明確にして取り組んでいきたいものです。

日本社会の進むべき方向性と為替政策

では、本題に戻りましょう。ここまで見てきた強みを発揮するため、為替政策をどう考えればよいのでしょうか。

①円高誘導政策の場合

仮に円高政策をとった場合、上記の〝a〟に含まれるような輸出分野は、世界のマーケットでは〝割高〟となります。

ただ、付加価値の高い技術や文化、コンテンツなどは「唯一無二」のため、価格競争に巻き込まれる可能性は低いでしょう。反面、自動車を始めとする日本の大手製造業は、生産拠点を海外にシフトし、価格競争力をつけるとともに「インターナショナルエンタープライズ」として生き残りをかけることになります。

海外での利益については、国内へ還流しやすいように、原則非課税とすべきでしょう。ただし、工場の海外移転などによって、国内の製造分野の雇用は減少します。

その受け皿として、日本国内で需要が望める医療・介護分野や接客サービス分野、そして金融サービス分野などで吸収する必要があります。

強みで挙げた〝b〟の分野も、基本的に日本へ来てもらう必要があるため、「円高」は外国人にとってはネガティブ要因となります。**したがって、どちらかというと世界の富裕層を狙ったビジネス分野であり、〝クオリティ〟を重視するビジネスモデルが必要となるでしょう。**

では、私たち国民の生活はどうなるでしょうか。通貨が強いため、原材料、製品とも比較的安価で入手が可能となります。高度経済成長期とは違い、所得の伸びはあまり望めませんが、円高によって物価は安定し、余裕のある人は海外旅行なども安価に楽しめるでしょう。

ただし、この円高政策をとれるのは、日本の財政がある程度保てていることが前提となります。ですから、円の金利は相変わらず低く推移せざるを得ません。したがって、強い円で外貨資産を購入し、今後成長の見込まれる分野できちんと「資産運用」をする必要があります。

②円安誘導政策の場合

円安を誘導した場合は、強み〝a〟の価格競争力は増し、世界へより積極的な展開が可能となるでしょう。また、大手製造業も、国内工場の維持ができるため、雇用確保できるとともに、国内での法人税の増収も見込むことができます。

強み〝b〟の分野においても、円安は外国人が日本に渡航しやすい状況です。したがって、積極的に観光や接客サービス分野を伸ばしていくことができるでしょう。

ただし、「円安」によって輸入品が高くなることから、物価の上昇要因となります。ある程度余裕がないと、海外旅行や輸入ブランド品の購入は厳しくなるかもしれません。そして、財政状況によっては、インフレが加速し、その場合国債の暴落もあり得ます。

また、所得が大幅に増える状況ではないため、やはり「資産運用」は〝必須〟です。基本的には円高時に外貨資産を購入し、外貨収入を得ることができれば、円安下でも、安定したライフプランが可能となるでしょう。

為替は、ほかの国々の景気状況や通貨の需給関係、経済成長率などさまざまな要因で変動します。国際社会の一員として、他国を無視した為替の単独介入は好ましくありません。しかし、全くの「無策」のまま、ビジョンもなく、市場動向に任せるだけでは、国の経済や国民の生活を守ることはできません。

したがって、前述のように、日本の保有する強みを明確にしたうえで、将来の方向性（ビジョン）を示し、為替政策を実施してもらいたいと思います。そして少なくとも、円高になったとき、そして円安になったときの国民生活への影響は、国民自身が意識しておくべきものだと思います。

日本人に「海外分散投資」が必要なわけ

さて、為替政策による円高と円安のケースを想定してみました。どちらにも共通するのは、日本は少子高齢社会のなか、税収は徐々に減少するとともに、社会保障費は増大していくことから、今までのように「国に依存したライフプラン」は難しくなってくるということです。

「貯蓄から投資へ」の掛け声のもと、日本でも一時、株式や投資信託などへの投資が増えた時期もありましたが、これまでは「自国通貨の為替変動による生活リスク」については、ほとんど考慮されてきませんでした。

少なくとも、リーマンショック後の円高局面は、日本の経済が強い、または将来性を買われてそうなったわけではありません。ほかの通貨に対して「安全性」が高いという理由で円高状況になっただけです。

日本の財政状態を考えれば、このような状況が普遍的に続くとは到底考えられません。**財政問題が〝現実の危機〟として表面化したときには、一気に「国債の暴落」そして「円の下落」といったシナリオが待っています。**ですから、今のうちに国に依存しなくてよい「ライフプラン」を目指す必要があるのです。

日本政府が財政危機を乗り切るために、行わなければならないことははっきりしています。すなわち、歳出を削減し、歳入を増やすことです。マスコミ向けに「仕分け作業」をテレビで公開しているだけでは、なんの問題解決にもなりません。

現実的には、地方分権を進め、財政上は小さい政府を目指すことになるでしょう。そのうえでさまざまな歳出を削減し、消費税の増税、年金制度の見直しによって税収を増加させ、国の社会保障費の負担を減らすしかありません。

本当に生活保護や支援をしなければならない人のためだけに税金を使って、一般の方たちには、自助努力で「ライフプラン」を立ててもらう必要があります。退職時までにある程度の資産を貯め、それを原資に資産運用をして、ある程度の生活資金をねん出していく、そのようなプランが必要ではないかと思います。

しかし、いまの日本国内の金利水準や金融商品だけでは、有効なプランを作ることは非常に難しいのが現状です。

もちろん、すべての資産を外貨にする必要はありませんが、「リスク分散」の観点からも、ある程度の資産を外貨で保有し、そこから安定した金利収入や運用利益を得ることができれば、税金、または国民の借金を原資とした補助は必要なくなるわけです。

その場合、ぜひ、企業の国外利益と同じく、個人の国外収入も非課税にしてもら

いたいと思います。少子高齢化が進み、成熟社会となっていくなかで、日本という国の〝クオリティ〟を維持していくにはコストがかかります。例えば、消費税はもちろんのこと、地方経済を維持する固定資産税などもきちんと負担する必要があります。ある意味〝生活税として〟です。

しかし、国民がリスクをとりながら、国外で運用して得た利益にまで課税する必要はないのではないでしょうか。ある意味、課税があるから、隠そうと考える人たちが現れ、また、そのようなお金は日本へは二度と戻ってくることはありません。

それよりは、運用益を非課税にすることによって、正々堂々と国内に資金を持ち込み、そのお金を日本国内で消費し、消費税を払い、経済を活性化させたほうが、よほど国益につながり、結果、国民にとってもプラスになると思います。

いずれにしても、税金の問題はともかく、国民各自が経済的に「国に依存しなくてよい仕組み」を作ることが、日本の将来の財政健全化にもつながるのは間違いないと考えています。

あとがき

資産運用は、ギャンブルやゲームではありません。現代人が生活していくうえで、真剣に考える必要のある「お金を殖やすための手段」といえます。その意味では、仕事や趣味に真剣に取り組むのと同じく、取り組む前にきちんと「目的」を考え、それに対する現状把握を行って、じっくりプランを考えてから実行する必要があります。

ただし、投資や資産運用を趣味にしている方以外は、本来の自分自身のやりたいことのための時間を減らさないように考えるべきでしょう。私自身「国際フィナンシャルコンサルタント」という立場で資産運用のお手伝いをしていますが、実のところ、資産運用そのものが好きなわけではありません。

このように書くと、驚く人もいるかもしれませんが、私は「コンサルティング」という仕事を自分の〝天職〟として取り組んできました。それがたまたま「資産運用」という分野だっただけのことです。

昔は、自分自身の投資や資産運用のために多くの時間とお金を使い、ときには大金を失うこともありました。そして、さまざまな試行錯誤を重ねてたどりついたのが、いわゆる「海外分散投資」であり「ポートフォリオ・マネジメント・サービス（PMS）」だったのです。

「海外分散投資」を実践することによって、自分の好きな仕事や趣味の時間、また家族や友人との時間など、本来自分が大切にしたい時間を確保することができました。もちろん、仕事としてお客様の運用実績は定期的に確認していますが、自分自身の運用は、極力〝ほったらかし〟できる状態を作り、それを実践しています。

本文にも書いたとおり、資産運用や投資の世界では「絶対」や「完璧」な投資手法などありません。ただ、資産運用の考え方をちょっと工夫するだけで、投資のために時間を取られたり、お金に支配されたりすることも回避できるのです。

どうか、本書を手にしてくださった方も、自分自身の「資産運用法」を見つけて、本来ご自身が大切にしたい時間を獲得していただきたいと願っております。そして、本書が、その一助となれれば心からうれしく思います。

最後に、本書出版にあたって、編集者の世良敬明様には、いつもながらご協力いただき、この場を借りて厚く御礼を申し上げます。

２０１１年2月

荒川　雄一

【著者紹介】
荒川雄一（あらかわ・ゆういち）

国際フィナンシャルコンサルタント。投資顧問会社 IFA JAPAN® 株式会社ほかリンクスグループ3社の代表を務める。現在、金融機関に影響を受けない独立系ファイナンシャルアドバイザー（IFA）として「オフショア金融システム」や「海外分散投資」を専門としている。特に、海外ファンドを用いた「ポートフォリオ・マネジメント・サービス(PMS)」の評価は高い。また、投資家教育にも力を入れており、講演回数700回以上。日本経済新聞や税理士新聞、各マネー誌などに執筆するとともに、殿堂入りメールマガジン「海外ファンドで資産を作ろう！」も好評発行中！　中小企業診断士、日本FP協会認定CFP®。NPO法人日本FP協会東京支部副支部長など歴任。著書に『海外ファンドのポートフォリオ』（パンローリング）など。

IFA JAPANのホームページ　**http://www.ifa-japan.co.jp/**
連絡先　03－5803－2500　**info@ifa-japan.co.jp**

2011年 4 月 2 日 初版第1刷発行
2012年 8 月 2 日 　　第2刷発行

PanRolling Library ㊷

海《かい》外《がい》分《ぶん》散《さん》投《とう》資《し》入《にゅう》門《もん》
――日本が財政破たんしても生き抜くためのノウハウ

著　者　　荒川雄一
発行者　　後藤康徳
発行所　　パンローリング株式会社
〒160-0023　東京都新宿区西新宿7-9-18-6F
TEL 03-5386-7391　FAX 03-5386-7393
http://www.panrolling.com/
E-mail　info@panrolling.com
装　丁　　水田智子
印刷・製本　　株式会社シナノ

ISBN 978-4-7759-3080-9

現代の資産運用

現代の錬金術師シリーズ104

FXで究極の海外投資

著者：結喜たろう　監修者：北山広京

定価 本体 2,100 円+ 税　ISBN:9784775991114

【エクセルでポートフォリオをつくる】
スワップ金利はFX取引のメリットのひとつ。しかし“誤った”リスク管理手法を用いて大火傷をする人があとを絶たない。その理由を分かりやすい金融工学で解明。為替変動の影響を抑えたポートフォリオで、継続的かつ堅実なスワップ収入を狙う。

現代の錬金術師シリーズ76

海外ファンドのポートフォリオ

著者：荒川雄一

定価 本体 2,800 円+ 税　ISBN:9784775990834

【自分だけの長期ポートフォリオの作り方】
ポートフォリオとは「ある時期」に「ある収益目標」を達成するために構築された「投資の組み合わせ」のこと。本書では「哲学を持つ重要性」「哲学をどのようにポートフォリオに具現化するか」について強調したうえで、「海外ファンド」の組み込み方を解説。

現代の錬金術師シリーズ 58

グローバル化時代の資産運用

著者：浅川夏樹
定価 本体 1,500 円+ 税
ISBN:9784775990650

グローバル化が進む現在、最も有望な業界、競争力のある企業を探していけば「海外投資」は当然の選択肢。本書では効率的に海外投資をするためのノウハウと考え方を紹介する。

現代の錬金術師シリーズ 81

ETF

著者：浅川夏樹
定価 本体 1,500円+ 税
ISBN:9784775990889

ETF（上場投信）とは、ファンドを株式と同じように取引所で自由に売買できる金融商品。筆者が実際にどのように選び、活用し、注意しているかについて、具体的に紹介する。

現代の錬金術師シリーズ 80

老荘に学ぶリラックス投資術

著者：岡本和久
定価 本体 1,500 円+ 税
ISBN:9784775990872

古代中国の哲学者、老子と荘子。両者の思想を投資に応用すると「投資の本質」に気づき、「将来の自分は、いまの自分が支えるんだ」という信念が、より強固になる。

現代の錬金術師シリーズ 102

積立投資のすべて

著者：星野泰平
定価 本体 1,400 円+ 税
ISBN:9784775991091

積立投資とは、定期的に、ある金融商品に、一定金額の投資を、長期にわたって続ける方法。「ドルコスト平均法」とも呼ばれる。開始時よりも値下がりしても収益性のある投資法だ。

株式投資の巨人に学ぶ‼

ウィザードブックシリーズ182

投資家が大切にしたいたった3つの疑問

著者：ケン・フィッシャー

定価 本体 3,800円＋税　ISBN:9784775971499

【行動ファイナンスで市場と心理を科学】
投資で成功を収める最善の方法は「他人が知らないことを知ること」。つまり、誰もがやっているような投資判断やファンダメンタルズ分析では、成功は難しいのだ。では「人よりも先んじる」方法は何か？　筆者は「３つの疑問」に集約されるという。

ウィザードブックシリーズ87・88

新 賢明なる投資家【上・下】

著者：ベンジャミン・グレアム　ジェイソン・ツバイク

定価(各)本体3,800円+税　ISBN:(上)9784775970492
ISBN:(下)9784775970508

【古典的名著＋現代注釈＝株式投資家必読】
『賢明なる投資家』は、ウォーレン・バフェットが師と仰ぎ、尊敬する「バリュー投資の父」による名著中の名著。本書は、その文章に注釈を加え、最近の事例と比較しながら「割安株分析」の原則と真髄を明らかにする。

ウィザードブックシリーズ 179

オニールの成長株発掘法【第4版】

著者：ウィリアム・J・オニール
定価 本体 3,800円＋税
ISBN:9784775971468

オニールの「CAN-SLIM」は、市況に関係なく、珠玉の中小型株を探し出し、短期間で利益を上げるアプローチ。00年、08年のような暴落から身を守る方法とあわせて、やさしく解説。

ウィザードブックシリーズ 172

投資価値理論

著者:ジョン・バー・ウィリアムズ
定価 本体 3,800円＋税
ISBN:9784775971390

ハーバードの教科書にも採用され、バフェットも激賞する古典的名著。本書で解説されている「ディスカウント・キャッシュフロー・モデル」はバリュー投資家の必須知識である。

ウィザードブックシリーズ 44

証券分析【1934年版】

著者：ベンジャミン・グレアム、デビッド・L・ドッド
定価 本体 9,800 円＋税
ISBN:9784775970058

グレアムの名声をウォール街で不動かつ不滅なものとした一大傑作。ここで展開されている割安な株式や債券のすぐれた発掘法は、今も多くの投資家たちが実践して結果を残している。

ウィザードブックシリーズ 165

テンプルトン卿の流儀

著者：ローレン・C・テンプルトン、スコット・フィリップス
定価 本体 2,800 円＋税
ISBN:9784775971321

米マネー誌が「20世紀最高の銘柄選択者」と称えた伝説的ファンドマネジャーの投資の歴史が明らかに。『悲観の極みは最高の買い時であり、楽観の極みは最高の売り時』だ。

PanRolling Libraryシリーズ

これからパンローリングの投資本を読む人へ

著者　塩見努　●定価　７００円＋税

ISBN　978-4-7759-3079-3

勝ち残っている投資家に見られる共通点は「やり方」ではない。「考え方」だ。〝残念な〟投資家は、そのことを知らずに損を重ねるのだ。

福澤桃介式

著者　福澤桃介　●定価　７００円＋税

ISBN　978-4-7759-3071-7

相場界・実業界で成功した億万長者。貧家に生まれながらも数々の輝かしい実績と武勇伝を残した男の「お金と仕事の流儀」とは！

そろばん

著者　山崎種二　●定価　７００円＋税

ISBN　978-4-7759-3066-3

小僧時代から、大投資家として名をはせ、栄華を極めた晩年に至るまで、随所にヤマタネ自身の生きた言葉が溢れた自分史の集大成。

景気サイクル投資法

著者　鈴木一之　●定価　７００円＋税

ISBN　978-4-7759-3064-9

「シクリカル」とは景気循環のこと。繰り返される歴史の流れをいかにとらえ、いかに泳いでいくのか。そのノウハウを惜しみなく披露する。

黄金の掟

著者　ジョン・ボイク　●定価　７００円＋税

ISBN　978-4-7759-3074-8

「債券王」ビル・グロス氏が30年以上にわたって自室に肖像画を飾っている「リバモア」「バルーク」「ＪＰモルガン」の投資哲学とは。

ＦＸ市場を創った男たち

著者　小口幸伸　●定価　７００円＋税

ISBN　978-4-7759-3048-9

外国為替市場の〝生〟の歴史がここにある。世界最大の市場を舞台に、困難を乗り越え、成功をつかんでいったディーラーたちの記録。

PanRolling Libraryシリーズ

マンガ 史上最強の投機家ソロス

原作・作画 黒谷薫 ●定価 680円＋税
ISBN 978-4-7759-3059-5

その動向が常にニュースになる著名投機家「ソロス」。傑出した成功と世界的な慈善事業を続ける背景には、迫害を受けた過去と偉大な父の教えがあった。

マンガ 終身旅行者

原作 木村昭二 作画 夏生灼 ●定価 700円＋税
ISBN 978-4-7759-3068-7

納税義務が生じる前に居住国を替える「終身旅行者」。節税だけでなく、複数の国を目的別に使い分けることでカントリーリスクを分散できるのだ。

マンガ プーチン主義のロシア

脚本 清水昭男 作画 狩谷ゆきひで ●定価 680円＋税
ISBN 978-4-7759-3055-7

経済格差、財政破綻、金融危機……。ソ連崩壊後の混迷期に〝国家の宝〟をめぐる大統領と新興起業家（オリガルヒ）たちの攻防を描く。

マンガ LTCM

脚本 清水昭男 作画 狩谷ゆきひで ●定価 680円＋税
ISBN 978-4-7759-3037-3

「ドリームチーム」と呼ばれ、運用資産1000億ドル超の巨大ヘッジファンドLTCM（ロング・ターム・キャピタル・マネジメント）は、なぜ崩壊したのか？

マンガ 投資の心理学

著者 田中憲 ●定価 700円＋税
ISBN 978-4-7759-3038-0

投資は「人間であれば当然のように抱いてしまう心理」との戦い。その具体例とメカニズムを紹介する。本書か自制心の必要性を学ぼう。

マンガ リチャード・ブランソン

著者 高波伸 ●定価 680円＋税
ISBN 978-4-7759-3036-6

飽くなき好奇心と行動力で、音楽や航空など多岐に事業を展開し、一代でヴァージングループを世界的企業に導いたユニークな起業家の波乱万丈の物語。